# Mathias Jung
# AußenBeziehung
## Ende oder Neubeginn der Liebe?
Über „Treue" und „Untreue"
in der Partnerschaft.

*Euer Eheschließen: seht zu, dass es nicht*
*ein schlechtes Schließen sei! Ihr schlosset zu schnell:*
*so folgt daraus Ehebrechen!*
*Und besser noch Ehebrechen als Ehe-biegen,*
*Ehe-lügen!*
*So sprach mir ein Weib:*
*„Wohl brach ich die Ehe,*
*aber zuerst brach die Ehe – mich!"*

Friedrich Nietzsche,
Also sprach Zarathustra

die
rote
reihe

*Die Welt wird mir wieder lieb,*
*ich hatte mich so los von ihr*
*gemacht, wieder lieb durch Sie . . .*
*Vor einem halben Jahre war ich*
*bereit zu sterben, und ich bin's*
*nicht mehr.*

Die unglücklich verheiratete Charlotte von Stein
an ihren Geliebten, Goethe

*Wie du mir oft, geliebtes Kind,*
*Ich weiß nicht wie, so fremde bist!*
*Wenn wir im Schwarm der vielen Menschen sind,*
*Das schlägt mir alle Freude nieder.*
*Doch ja, wenn alles still und finster um uns ist,*
*Erkenn' ich dich an deinen Küssen wieder.*

Goethe an Frau von Stein

Mathias Jung

# AußenBeziehung

## Ende oder Neubeginn der Liebe?

Über „Treue“ und „Untreue“ in der Partnerschaft.

die rote reihe

ISBN 3-89189-095-8
Auflage 2002
Umschlagfotos: Bildagentur Mauritius
Karikaturen: Reiner Taudien
Umschlaggestaltung: Martin Gutjahr-Jung

Gesamtherstellung: Kösel, Kempten

# Inhalt

# Urknall

*Wer von sich behauptet, er oder sie sei vollkommen treu in Tat und Fantasie, ist einem Selbstbetrug zum Opfer gefallen; wer von sich behauptet, mit der Untreue seines oder ihres Partners oder der eigenen ohne größere Schwierigkeiten umgehen zu können, ebenfalls.*

Marina Gambaroff,
Die Utopie der Treue

Untreue ist einer der gefährlichsten Beziehungskiller. Nur jeder zweite Deutsche würde seinem Partner einen Seitensprung verzeihen. Knapp die Hälfte halten Fremdgehen für unentschuldbar. Das ergab eine Umfrage des Meinungsforschungsinstituts Forsa. Für 73 Prozent der Befragten nimmt die Treue unter ihren Lebenszielen den ersten Platz ein.

Das scheint paradox, wenn man sich andere Einschätzungen vor Augen führt: Über zwei

SO, IHR LIEBEN!
MUTTI
HAT NEN NEUEN
FREUND!

Drittel aller Verheirateten gehen mindestens einmal während der Ehe fremd. Diese Zahl ist wahrscheinlich noch untertrieben. Dabei ist nämlich die Frequenz der männlichen Bordellbesucher nicht erfasst. Bei einer repräsentativen Umfrage von *BILD am Sonntag* stellte sich heraus: Zweiunddreißig Prozent der deutschen Männer waren schon einmal in einem Bordell. Von den unter dreißigjährigen Männern haben sogar schon fünfzig Prozent Kontakt mit einer Prostituierten gehabt. Nach den Ermittlungen der Prostituiertenvereinigung Hydra suchten bereits in der alten Bundesrepublik *täglich* etwa 1,2 Millionen Männer Prostituierte auf.

Der Besuch im Freudenhaus, der dem Mann, nach der schneidenden Formulierung der Feministin Herrad Schenk (*Die Befreiung des weiblichen Begehrens*), die *größte Verfügungsmöglichkeit über die weiblichen Genitalien bei maximaler Distanz* bietet, galt und gilt in der patriarchalen Gesellschaft allemal als selbstverständliches Vorrecht des Mannes. Bereits Demosthenes (384–322 v. Chr.), der größte Redner der Griechen, befand:

*Die Hetären haben wir zu unserem Vergnügen,*

*die Nebenfrauen zur täglichen persönlichen Bedienung und die Ehefrauen, damit sie uns Kinder gebären und unser Haus treulich verwalten.* Heute fliegen aber auch Frauen nach Marokko, Tunesien oder in die Dominikanische Republik, um einen – mehr oder weniger bezahlten – Lover zu finden.

Die weibliche Außenbeziehung, vor allem der außereheliche Geschlechtsverkehr, kam jahrtausendelang einem Kapitalverbrechen gleich. Noch im Frühjahr 2002 musste ein Scharia-Berufungsgericht im nordnigerianischen Bundesstaat Sokoto entscheiden, ob gegen die fünfunddreißigjährige Safiya Husseini die Todesstrafe der Steinigung ausgesprochen werden müsse. Der Vorwurf gegen die junge Mutter: Husseini habe das Kind außerhalb der Ehe empfangen. Tatsächlich war Safiya Husseini vergewaltigt worden. Nur auf Grund weltweiter Proteste und einer gewagten juristischen Konstruktion entkam Safiya dem Mordanschlag der islamischen Männerjustiz.

Kann man das als Fundamentalismus und Anachronismus abtun? Auch die christliche Amtskirche hat sich mit ihrer dogmatischen Intoleranz an den Menschen versündigt. Von

Anfang an fährt sie schwere Kanonen auf: *Wer Ehebruch treibt, ist Verstandes bar; nur der tut es, der sich selber verderben will* (Sprüche 6,32). Drohender noch: *Ihr wisst, was es heißt: Du sollst keinen Ehebruch begehen! Ich aber sage euch: Wer eine Frau auch nur ansieht und sie haben will, hat mit ihr in Gedanken schon die Ehe gebrochen* (Matthäus 5,27–28).

Kein Zweifel, der Ausbruch aus der Ehe wird meist als Beziehungsinfarkt erlebt. Es ist ein Urknall, der noch Jahre später in den Ohren beider Partner schrillt. Er kann zerstören oder, wie in der astronomischen Hypothese der Entstehung des Universums, eine neue (Beziehungs-)Welt schaffen. „Untreue" ist der Grund für jede zweite Scheidung. „Untreue" ist mindestens ebenso oft auch ein Unfall, der zur Generalinspektion des lahmenden Beziehungsvehikels führt. Denn nach einer geoffenbarten „Untreue" wird eine Beziehung nicht mehr so weitergehen können wie bisher.

*Ja*, so bekannte mir einmal Maria-Luise, *ich habe meinen Mann betrogen, aber der größte Betrug war unsere verlogene Beziehung*. (Hier wie an allen Stellen dieses Buches habe ich die Namen aller Beteiligten, oft auch Details, verändert, um die Anonymität der genannten Frauen und Männer zu wahren.) An der Seite ihres langweiligen und zwanghaften Frühpensionärs drohte die sechzigjährige beruflich aktive Geschäftsfrau zu verdorren. Maria-Luise: *Wir hatten weder Liebe noch sexuelle Lust, sondern nur Eintönigkeit und nackte Pflicht. Unsere Gespräche drehten sich um Börsenanlagen. Die Ehe war ein Gefängnis. Meinen Geliebten empfand ich als Fluchthelfer – ins Leben.*

Unsere Bezeichnungen der Liebe *extra muros*, also außerhalb der Mauern der Familie, verraten in ihrer Armseligkeit und ihrem strafenden Charakter einiges über unsere Hilflosigkeit. *Ehebruch*, *Fremdgehen*, *Sünde*, *Scheidungsgrund* – wie panisch und verdammend sprechen wir über eine Situation, die jede und jeden von uns einholen kann und die meist ein Indiz ist für tieferliegende Komplexe und Verwundungen unserer Beziehung. *So sprach mir ein Weib: „Wohl brach ich die Ehe, aber zuerst brach die Ehe – mich!"*, heißt es in Nietzsches *Zarathustra*. Der gleiche Philosoph notierte bereits im 19. Jahrhundert (in: *Die Unschuld des Werdens*) scharfsinnig: *Wie oft wird die Ehe gebrochen, bloß um den Zustand herbeizuführen, in dem eine unerträglich gewordene Ehe gelöst werden kann.*

Dieser so genannte Ehebruch ist eine Liebes- und Leidensform, die ich, wie die meisten Psychotherapeuten, fast täglich in meiner Praxis erlebe. Deswegen benenne ich sie auch lieber mit Begriffen wie *Außenbeziehung, Seitenbeziehung, Zweitbeziehung* oder *Parallelbeziehung.* Denn diese Begriffe sind wertneutral, sie assoziieren nicht Leichtfertigkeit oder biblische Verderbnis. Ich erlebe nämlich bei den Frauen und Männern, die mir von ihrer – meist heimlichen – Beziehung berichten, Glück und Skrupel, Herzklopfen und schlechtes Gewissen, Neuaufbruch und Scham vor dem Ehepartner im innigsten Verbund.

Oft wagen sie es kaum, das, was sie als überwältigendes Glück des Redens, der Berührung und Begegnung empfinden, zu genießen. Immer wieder berichten mir Menschen in Außenbeziehungen von der Mangel- und Notlage, in der sie sich davor befanden, von der Versteppung ihrer Gefühle und dem Verdursten ihrer Seele. Ich habe Respekt vor der Ernsthaftigkeit dieser *gefährlich lebenden Liebenden* (André Gide).

Zu allen Zeiten wurde der Eros außerhalb der Ehe gesucht. Das war bei Paris und Helena so, bei Tristan und Isolde, Lancelot und Ginevra, bei Flauberts *Madame Bovary* und ihrem routinierten Frauenverführer Rudolf. Der Ehemann, der Provinzarzt Karl Bovary, langweilte nämlich schrecklich: *Karls Art zu sprechen war platt wie das Trottoir auf der Straße.*

Nicht anders geht es der Romanfigur *Effi Briest* bei Theodor Fontane. Effi ist sich schmerzlich bewusst, was ihr in der Ehe mit dem Landrat Baron von Innstetten fehlt: *Huldigung, Anregungen, kleine Aufmerksamkeiten.* Zwar war *Innstetten ... lieb und gut, aber ein Liebhaber war er nicht.* Sie verliebt sich in den neuen Bezirkskommandanten Crampas, einen erfahrenen *Damenmann, dem alle Gesetzmäßigkeiten langweilig* sind. Als Innstetten Jahre später, die Außenbeziehung ist längst beendet, die Liebesbriefe entdeckt, die Crampas an Effi geschrieben hat, fordert er Crampas zum Duell und tötet ihn. Effi schickt er weg und ruiniert sie damit gesellschaftlich. Innstetten unternimmt diese barbarische Strafaktion *contre coeur*, das heißt, gegen seine Herzensgefühle. Er vermag sich über die Gebote der preußischen Gesellschaft nicht hinwegzusetzen: *Und diese Komödie muss ich nun fortsetzen und muss Effi wegschicken und sie ruinieren, und mich mit ...*

Zwischen Angst und Sehnsucht bewegt sich auch *Madame de Rênal*, die berühmte tragische Heldin in dem Roman *Rot und Schwarz* (1830) von Henry Stendhal. Die Frau des konservativen Bürgermeisters von Verrières verliebt sich trotz all ihrer moralischen und religiösen Skrupel in den jungen Aufsteiger *Julian Sorel*. Sie kommt schier um den Verstand: *Und dann plötzlich stand das furchtbare Wort „Ehebruch" da. Sie sah im Geiste alles, was schmähliche Ausschweifung dem Gedanken an sinnliche Liebe, an Ekelhaftem anzuhaften vermag ... Bald fürchtete sie, nicht geliebt zu werden, dann wieder peinigte sie der entsetzliche Gedanke von Schuld und Sünde.* Ganz anders verhält sich Julian. Er wird zynisch. Als seine Beziehungen zu Frau de Rênal zum öffentlichen Skandal zu werden drohen, begibt er sich in das Priesterseminar: *Fortan war er unablässig auf seiner Hut; es galt, sich einen ganz neuen Charakter beizulegen: „Wie entsetzlich schwer ist das, in jeder Minute die Verstellung durchführen zu müssen; die Arbeiten des Herkules waren leichter."*

Wir können es drehen und wenden, wie wir es wollen – „Treue" und „Untreue" in der Partnerschaft gibt es und wird es immer geben. Als Therapeut habe ich die Aufgabe, diesen Sachverhalt erst einmal zu akzeptieren und Menschen in ihren allzu menschlichen Verstrickungen zu lieben. Sie handeln aus großen Gefühlen, ob es literarische Figuren oder Frauen und Männer aus Fleisch und Blut sind. Eine *Lady Chatterley* findet den orgiastischen Eros in den Armen ihres Wildhüters, der verheiratete *Auguste Rodin* liebt seine *Camille Claudel*, *Liesl Karlstadt* den Künstlerkollegen *Karl Valentin*. Entwaffnend bekennt eine der Valentinschen Töchter nach dem Tod des großen Komödianten: *Dass es mit dem Fräulein Karlstadt besser harmoniert hat, das ist ganz klar. Aber meine Mutter hat er halt gebraucht, die war eine gute Hausfrau.*

Die Lyrikerin *Ingeborg Bachmann* verbrennt sich ihre Flügel an dem verheirateten *Max Frisch*. Die äußerste Verletzung ist für sie eine Abtreibung während der Zeit mit dem Schriftsteller: *Ich bin an jeder Stelle meines Körpers beleidigt.* Max Frisch wiederum notiert: *Das Ende haben wir nicht gut bestanden, beide nicht.*

Die Sängerin *Anja Silja* liebt ihren – verheirateten – Regisseur *Wieland Wagner*. Beide erleben den Himmel: *Einen Monat Dauerekstase von früh um neun bis nachts um zehn*, schreibt Wieland seiner Freundin in den Klavierauszug. Sie erinnert sich: *Genauso war es: Wir sprachen über die Figuren der Oper und wussten, dass wir von uns sprachen.* Wieland führt sogar eine Begegnung von Anja mit seiner Frau Gertrud herbei. Die beiden Frauen begegnen sich mit demselben Satz: *Sie wollen mich sprechen?* Beide brechen in Gelächter aus, trotz der kritischen Situation. Dann stirbt Wieland überraschend. Die letzten Monate hat er Blut gespuckt. Anja Silja beendet den Bericht über ihre Außenbeziehung mit den Worten: *Ich bin ihm wahrscheinlich von allen Menschen, die ihn durchs Leben begleiteten, am nächsten gekommen.*

Marlene Dietrich zeigt sich besessen von der Liebe zu ihrem Regisseur *Josef von Sternberg* (*Ich bin nichts ohne dich*). Das Ende dieser Parallelbeziehung resümiert sie ohne Reue: *Ich glaube nicht, dass wir einen Anspruch auf Glück haben. Wenn das Glück kommt, sollte man dankbar sein.*

*Martin Heidegger*, der Existenzphilosoph

von *Sein und Zeit*, und die Philosophin *Hannah Arendt* (Hauptwerk *Vita activa*) verlieben sich in den zwanziger Jahren des letzten Jahrhunderts, als er ein vielbewunderter Professor in Marburg und sie seine ebenso schöne wie kluge Studentin ist. Die Ehefrau Elfriede Heidegger darf kein Wort erfahren. Heidegger schreibt der jungen Geliebten: *Wir können nur mit uns selbst danken. Liebe wandelt die Dankbarkeit in die Treue zu uns selbst und in den unbedingten Glauben an den anderen. So steigert die Liebe ständig ihr eigenes Geheimnis.* Hannah Arendt antwortet: *Ich hätte mein Recht zum Leben verloren, wenn ich meine Liebe zu dir verlieren würde. Der Weg, den du mir zeigtest, ist länger und schwerer als ich dachte. Er verlangt ein ganzes langes Leben.* Ein ganzes Leben haben sie sich denn auch geliebt, trotz schwerer Differenzen, der Nazi und die emigrierte Jüdin.

Wenn wir beim Bekanntwerden eines Seitensprungs über den *Betrüger* oder die *Schlampe* zu Gericht sitzen, verdrängen wir in Wahrheit oft unsere eigenen Sehnsüchte nach dem Feuerbrand der Liebe. Wie sagte doch der gütige Mann aus Nazareth zu den fanatischen Männern, die die Ehebrecherin steinigen wollten: „Wer von Euch ohne Schuld ist, der werfe den ersten Stein."

Wo wir belastet und strafend Ressentiments ausagieren, verraten wir in Wahrheit viel über uns selbst. Wie souverän hat doch *Diana*, die später tödlich verunglückte Prinzessin von Wales, in einem historisch gewordenen Fernsehinterview auf die Liebe ihres Mannes Prinz Charles zu Camilla Parker reagiert: *An dieser Ehe nahmen drei Personen teil, sodass es ein wenig eng wurde.* Und: *In den letzten Jahren habe ich viel gelernt. Von nun an werde ich selbst über mich verfügen und mir treu sein ... Ich werde ich selbst sein.*

Der *Seitensprung* ist eben nicht nur eine kleine, sportliche Wanderung im Fleische. Er löst vielmehr im emotionalen Minenfeld der Beziehung Kettenreaktionen aus. Er bricht über die darin Verstrickten wie eine schwere Krankheit herein. Alles wird anders. Fest geglaubte Bindungen wanken. Schuldgefühle und Betrugsvorwürfe beherrschen die Lebensbühne. Das Gleichgewicht der Beziehungsbalance zerbricht. Das neue Beziehungsdreieck schmerzt den verlassenen Partner höllisch. Heinrich Heine hat als Dichter das Höllenfeuer dieser Gefühle in einem Vierzeiler mit der Knappheit des Leidenden beschrieben:

*Es ist eine alte Geschichte,*
*doch bleibt sie immer neu.*
*Und wem sie just passieret,*
*dem bricht das Herz entzwei.*

Gleichwohl haben sich die Leidensakzente bei der Außenbeziehung historisch verschoben. Was in der patriarchalischen Gesellschaft Zerstörung bedeutete, kann in der beginnenden Geschlechterdemokratie von heute eine *Krise als Chance* bedeuten. Manchmal ist die Außenbeziehung sogar ein verhältnismäßig festes, ja die Binnenbeziehung der Ehe stabilisierendes Lebensarrangement.

Verbleiben wir noch einige Augenblicke im Bereich der Weltliteratur, die ich als Germanist und Philosoph so liebe. Vielleicht die größte und dramatischste Geschichte vom Ehebruch ist Tolstois Roman *Anna Karenina.* Leo Tolstoi legte diesen Meisterroman in den Jahren 1875 bis 1877 als Fortsetzungsroman vor. Was meist übersehen wird ist, dass dieser Roman über die Psychologie einer Ehe mit dem Seitensprung eines Mannes beginnt. Der Gutsbesitzer Stepan Arkadjewitsch Oblonskij hat eine sexuelle Beziehung mit der Gouvernante seiner Kinder, Mademoiselle Roland, *mit ihren schwarzen Schelmenaugen*. Seine Frau Dolly kommt ihm auf die Schliche. Stepan nimmt die Affäre nicht weiter schwer. Sie stehe ihm zu, meint er. Er sei nur ein Trottel, weil er das Geheimnis nicht zu wahren vermochte: *Er konnte sich keine Vorwürfe darüber machen, dass er, ein gutaussehender, liebesbedürftiger Mann von vierunddreißig Jahren, in seine um etwa ein Jahr jüngere Frau, Mutter von fünf lebenden und zwei verstorbenen Kindern, nicht mehr verliebt war. Er bereute nur, diese kleine Liebelei vor seiner Frau nicht besser geheim gehalten zu haben … Vielleicht hätte er seine Verfehlungen vor seiner Frau besser geheim zu halten gewusst, hätte er geahnt, wie sehr sie unter der Entdeckung leiden würde. Das hatte er sich nie ernstlich überlegt.*

Ja, Stepan besteht sozusagen auf einem männlichen Sonderprivileg des Sexuellen: *Er hatte beinahe angenommen, dass seine Frau seine Untreue schon längst ahne, aber stillschweigend darüber hinwegsehe. Ja, er hatte sogar geglaubt, die verblühende, nicht mehr schöne und in keiner Weise bemerkenswerte Frau, zwar eine schlichte, gutherzige Familienmutter, müsse schon aus Gerechtigkeitsgefühl mit ihm nachsichtig sein.* So geht denn auch die Geschichte des Stepan Arkadjewitsch Oblonskij aus. Es ist ja nur ein lächerlicher Fehltritt. Ein paar Monate lang ist Dolly bockig und bestraft den heiteren Lebemann mit eisigem Schweigen. Dann geht das Leben weiter. Das eigentliche Thema, das sich über viele hunderte Seiten in epischer Breite ausdehnt und mit dem grässlichen Selbstmord Anna Kareninas unter den Rädern eines Zuges endet, ist der damals gesellschaftlich inakzeptable Ehebruch einer *Frau*.

Minutiös zeichnet der psychologische Analytiker Tolstoi die Stationen eines weiblichen Leidensweges in allen Phasen nach. Anna ist von einem leidenschaftlichen Drang nach Glück erfüllt. Das Glück erscheint ihr in der Person des Grafen Wronskij, eines aktiven Rittmeisters und Flügeladjutanten des Zaren. Er ist ein Bild von Mann, stürmisch, kraftvoll, verwegen. Sie entscheidet sich für ihn und verlässt ihren Mann und Sohn. Der Ehemann Karenin ist ein Pedant, gefühllos, engherzig, eine *ministerielle Maschine*, in der alles Menschliche erstickt ist. Wenn man den Petersburger Würdenträger wohlwollend betrachtet, so erkennt man, dass er in der Verpanzerung seiner gesellschaftlichen Rolle gefangen ist. Auch er leidet wie ein Hund. Wronskij dagegen ist ein Offizier voller Glanz, ein leidenschaftlicher Tänzer, von den Frauen begehrt, aber im Kern seiner Seele ist er mittelmäßig und oberflächlich. Er vermag der heroischen Liebe Annas nicht standzuhalten.

Die Gesellschaft sieht in Anna Kareninas Liebe nur den Fehltritt und stößt die junge Frau aus. Sie wird in den großen Familien nicht mehr eingeladen. Umso mehr klammert sich die Liebende verzweifelt an das Einzige, was ihr verblieben ist: ihre Liebe. Je mehr sie jedoch an Wronskij klammert und ihn mit Eifersuchts- und Hassausbrüchen traktiert, um so schwankender wird Wronskij: *Diese Anfälle von Eifersucht, die sich neuerdings häuften, erschreckten ihn und – mochte er es sich auch nicht eingestehen – stießen ihn ab, obgleich er sich bewusst war, dass die Ursache dieser Eifersucht nur ihre Liebe zu ihm war. Wie oft hatte er sich schon gesagt, dass ihre Liebe sein großes Glück sei. Sie liebte ihn, wie nur eine Frau lieben kann, der diese Liebe mehr bedeutet als alle Güter des Lebens ... Jetzt fühlte er, dass der Höhepunkt dieses Glückes überschritten war. Anna war ganz anders, als wie er sie in der ersten Zeit gesehen hatte. Seelisch und körperlich hatte sie sich zu ihrem Nachteil verändert. Sie war in die Breite gegangen ... Er sah sie an, wie ein Mensch eine welke Blume betrachtet, die er gepflückt hat und an der er nur mit Mühe die Schönheit erkennen kann, um derentwillen er sie abriss und vernichtete.*

Kurz bevor sich Anna unter den Zug wirft, wird sie sich noch einmal *ihres zermarterten, blutenden Herzens* inne: *Und wieder dachte sie daran, wie glücklich das Leben noch sein könnte, wie qualvoll sie Wronskij zugleich liebte und hasste, und sie fühlte, wie furchtbar ihr das Herz in der Brust klopfte.* Die Außenbeziehung lässt im gnadenlosen Regelwerk der aristokratischen Gesellschaft die Frau zur *Außenseiterin* werden. Sie lässt ihr nur die Wahl zwischen Schande und Freitod. Anna Karenina wird zum Opfer einer lieblosen Gesellschaft. Aber sie hat, wie so viele Frauen und Männer vor ihr, in der heimlichen Liebe das wahre Leben entdeckt.

Als ihr Wronskij auf dem Höhepunkt der außerehelichen Liebesbeziehung gesteht: *Ich kann es mir nicht verzeihen, dass ich dich unglücklich gemacht habe*, reagiert sie wie alle Liebenden dieser Welt: *„Mich unglücklich?"*, *fragte sie, trat an ihn heran und sah ihn mit einem verzückten, liebevollen Blick an. „Ich bin ja wie ein hungernder Mensch, dem man zu essen gegeben hat. Vielleicht friert er, vielleicht geht er in Lumpen und schämt sich, aber unglücklich ist er nicht. Ich unglücklich? Nein, hier ist mein Glück …"*

Duell, Existenzvernichtung, Selbsttötung – das sind die Antworten des 19. Jahrhunderts auf den als Skandal empfundenen Straftatbestand weiblicher Untreue. Dabei hat das so genannte einfache Volk immer schon von der Explosivgewalt der Liebe gewusst. Im Volkslied heißt es so schön:

*Kein Feuer, keine Kohle*
*Kann brennen so heiß*
*Als heimliche Liebe,*
*Von der niemand nichts weiß.*

Auch wenn der Mord aus Eifersucht noch immer an der Spitze der affektiven Tötungen rangiert, so ist das Liebesspektrum der Moderne in der Zeit des Fernsehens und des Internets buntscheckiger, individualisierter und toleranter geworden. Immer wieder spüre ich bei den psychotherapeutischen Sitzungen in meiner Praxis, wie sich die zentrifugalen, aus der Ehe herausdrängenden Impulse und Tendenzen zunächst im *Kopfkino*, dann virtuell im Internet, schließlich *in praxi* abspielen. Die Zahl der Männer, die sich zum Beispiel in die frühere Fernsehansagerin Gabi Bauer verliebten, dürfte in die Tausende gehen.

Umgekehrt gestand mir Evelyn, eine lebenssprühende Vierzigjährige, die mit einem wahren Workaholic und Computerfetischisten von Mann verheiratet ist, lächelnd, dass sie sich in den TV-Moderator Johannes B. Kerner verliebt habe: *Er ist mein heimlicher Traummann. Ich kriege ihn nicht aus meinen Gedanken heraus. In meinen Tagträumen ist er ständig präsent. Er ist so süß, so jungenhaft, blond und sportlich. Ich würde ihn gern in der Sauna sehen, mit ihm nackt in einem See baden. Den Rest kannst du dir denken.*

Wenn manche braven, grauen Ehepartner wüssten, was ihr Gespons am Abend in Wirklichkeit so am Computer treibt. *Ich mache nur noch ein einziges Computerspiel*, ruft da der bieder wirkende Ehemann seiner ins Bett gehenden Ehefrau freundlich nach. Das ist nicht einmal gelogen. Denn wie er jetzt im Internet chattet, das ist wirklich ein Spiel von besonderem Reiz – er hat längst eine virtuelle Partnerin. Der Briefwechsel wird von Tag zu Tag heißer. Bald steht denn auch der erste leibhaftige Treff an. Auch Frauen erobern sich diesen virtuellen Kontakthof immer stärker.

Birgit erzählte mir: *Weil mein Mann Abend für Abend vor dem Computer hockte, habe ich immer mehr gemault. Aber ich konnte ihn nicht von dem Gerät loseisen. Natürlich schliefen wir auch kaum mehr miteinander. Wie denn – er schlüpfte erst gegen 1.00 Uhr nachts zu mir ins Bett, wenn ich längst schlief! Unsere Zärtlichkeit tendierte zum Nullpunkt. Eines Tages erzählte mir eine Kollegin, dass man im Internet auch Kontakte anbahnen kann. Sie hat mir das ganz genau erklärt, wie das geht. Also habe ich eines Abends begonnen, selbst im Internet das „Beziehungssurfen" auszuprobieren. Am Anfang war ich noch etwas ungeschickt. Ich surfte zu viele Partner an, verlor den Faden und verzettelte mich. Aber bald hatte ich gelernt, mich auf einige ganz wenige interessante Männer zu konzentrieren. Am Ende blieb ein Kontakt übrig: Bernd. Du kannst es dir kaum vorstellen, aber es war wie eine Sucht.*

*Da ich nur halbtags arbeite, habe ich Bernd am Morgen, wenn mein Mann das Haus verließ, die erste Nachricht geschickt, am Nachmittag „sprachen" wir eine Stunde, am Abend zwei Stunden miteinander. Unsere Texte wurden immer erotischer. Das steigerte sich von Tag zu Tag. Mein Mann merkte nichts. Er war vielmehr zufrieden, dass ich endlich mit meiner „Meckerei" Ruhe gab. Jetzt saß jeder von uns beiden in seinem Zimmer vor dem Computer und tippte wie ein Verrückter. Irgendwann hielten es Bernd und ich vor lauter Sehnsucht nicht mehr aus. Wir trafen uns in der Wohnung seines Freundes, der auf Urlaub war. Wir haben uns unsterblich verliebt. Deswegen komme ich jetzt zu dir, denn ich liebe auch meinen Mann, der sehr verlässlich ist. Was soll ich tun?*

Ja, wenn ich das wüsste! Ich kann nur mit dem Hamburger Psychologen und Paartherapeuten Michael Cöllen sagen: *In uns allen steckt das Bedürfnis nach Bindung und Geborgenheit und gleichzeitig das Bedürfnis nach Abwechslung und Freiheit.*

Über die Fülle von *Außenstrebungen* und realisierten *Außenbeziehungen* wird gelogen wie sonst nur noch vor dem Finanzamt. Der SPIEGEL hat einmal in dem Heft *special 5/1995 Liebe. Ein Gefühl wird erforscht* die Nebellandschaft von „Treue“ und „Untreue“ so beschrieben: *Lebenslängliche sexuelle Treue ist offenbar eine Chimäre, ein Hirngespinst, ausgedacht, um anderen Menschen ein schlechtes Gewissen zu machen und sie so in Abhängigkeit halten zu können. Wer ein schlechtes Gewissen hat, lässt sich leichter lenken, bevormunden, ausbeuten ... Zwischen den beiden seltenen Extrempositionen – auf der einen Seite lebenslange Keuschheit, auf der anderen schrankenlose Promiskuität – existiert offenbar ein weit gefächertes Mittelfeld, das durch Lüge, Ideologie und mildtätiges Vergessen eingenebelt ist.*

Wer diese Ideologie der *sexual correctness*, die fromme Lüge der durch nichts zu erschütternden lebenslänglichen Treue durchbrochen hat, war 1988 die französische Schriftstellerin Benoîte Groult mit ihrem Roman *Salz auf unserer Haut*. Das Buch wurde zum Bestseller auch in Deutschland. Es ist heute noch ein unverändert lesenswertes psychologisches Meisterwerk der heimlichen Liebe. *Salz auf unse-*

*rer Haut* löste einen Proteststurm der Kirchen aus. Benoîte Groult schildert hier die außereheliche Liebe als eine Begegnung von erschütternder Existenzialität, Schmerz und befreiendem Glück.

*George* (ohne s, wie George Sand), eine Pariser Intellektuelle, verliebt sich in ihren Jugendkameraden *Gauvain*, einen bretonischen Fischer. Welten trennen sie, die Barrieren von Erziehung und Bildung, von Weltanschauung und Geschmack. Weder kann die Heldin sich in seine harte und einfache Welt einfügen, noch vermag Gauvain am Höhenflug der Universitätsprofessorin und Autorin teilzunehmen. Was treibt diese Wesen zweier Welten gleichwohl zueinander? *Das Gefühl, dass sich unsere Körper erkannten und unsere Seelen – denn unsere Hirne waren es nicht – danach strebten, sich zu vereinen, ohne Rücksicht auf all das, was uns auf dieser Welt trennen konnte.*

Gauvain ist Bootsmann, später Kapitän. Seine Frau Marie-Josèe, eine Fabrikarbeiterin, schenkt ihm vier Kinder. George wiederum ist nacheinander mit Akademikern wie Jean-Christophe, dem amerikanischen Literaturprofessor Sydney und schließlich dem Arzt

François liiert. In all den Jahren liebt sie mit unveränderlicher Treue respektive Untreue ihren Gauvain. Die emotionalen und sozialen Schranken sind für eine eheliche Verbindung zu hoch: *Ich traute es mir nicht zu, Gauvain an mein Milieu anzupassen, ihn ins Tintenfass der Kultur einzutauchen. Ich wollte mich auch nicht in sein Milieu verpflanzen, ich wäre eingegangen.*

Gauvain baut sich mit Marie-Josèe und seinen Kindern eine Karriere auf. Als Langustenfischer arbeitet er den größten Teil des Jahres an fernen Meeresgründen bis zu den Seychellen. Glücklich wird er nicht: *Mit ihren dreiunddreißig Jahren hatte sich Marie-Josèe ostentativ im Lager der Hausfrauen verschanzt und sprach von ihren Kindern wie ein Säugetier. Sie gehörte zu jenen Frauen, die „ohne Rast und Ruh" von früh bis spät auf den Beinen sind, die ihr Haus schrubben und wienern, ihren Gemüsegarten pflegen, ständig in der Waschküche zu finden sind, und die ihre, vom rollenförmigen Busen ausgebeulte Küchenschürze nur sonntags für den Kirchgang ausziehen. Ihre letzte Schwangerschaft hatte sie um zwei Schneidezähne ärmer und um zehn Jahre älter gemacht. Vorzeitig hatte sie sich unter die geschlechtslosen Muttertiere eingereiht … Ihn traf ich manchmal auf dem Dorfplatz, wo er sonntags Boule spielen kam, wenn er an Land kam. Die Schwangerschaften seiner Frau hatten seiner Schönheit keinen Abbruch getan, und er war nach wie vor der größte Herzensbrecher…*

Gauvain mit seinen *Husky-Augen* macht George immer wieder verrückt. *Gauvain hatte mich an beiden Händen gepackt, um mich schneller hochzuziehen und noch bevor ich ein Wort sagen konnte, hatte er mich heftig an sich gepresst, sein Bein sofort zwischen meine geschoben und mit dem Mund mir die Lippen geöffnet, meine Zunge hat sich an seinem kaputten Zahn verfangen, meine Hand ist … unter seine Jacke geglitten, in seine duftende Wärme, meine Finger sind eingedrungen in jenen rührenden Hohlraum, den der Gürtel bei manchen Männern zwischen den Lendenmuskeln freigibt.* Der bretonische Naturbursche und die elegante Pariserin – sie kommen voneinander nicht los. Sie gesteht Gauvain: *Wie, wenn das Tiefste an uns nun gerade die Haut wäre? Wenigstens der Körper weiß, was er will. Er ist nicht anfällig fürs Räsonieren, der ist unerbittlich, der Körper.*

Aber die Zeit, die große Verwandlerin, geht an den Liebenden nicht vorbei. George und

Gauvain treffen und lieben sich über zwei Jahrzehnte an den entlegensten Orten der Welt. Eines Tages ist es, wie immer ganz unvermittelt, so weit, George wird seines Alterns – und damit ihres eigenen – gewahr: *Zum ersten Mal seit er mir, mit nacktem Oberkörper inmitten von reifen Garben auf einem Wagen stehend erschienen war und mich vollständig durcheinander gebracht hatte – ein Gefühlsaugenblick, dessen verheerende Wirkung seit zwanzig Jahren andauerte –, erlebte ich ihn nicht als den glorreichen Kentauren* (mythischen Pferdemenschen – M. J.), *dem Kummer und Zeit nichts anhaben konnten. Seine Augen schienen kleiner und nicht mehr von so heftigem Blau, und an seinen Schläfen entdeckte ich ein paar weiße Fäden, die das dichte Persianerfell durchzogen. Sein Gesicht begann an den Abnutzungsstellen schlaffer zu werden, und um die Augen waren die Höcker und die Vertiefungen stärker geworden; auch hatte er häufiger diesen zusammengekniffenen Blick, was seine beiden tiefen Stirnfurchen betonte. Zum ersten Mal ahnte man hinter seinen immer noch schönen Zügen das Gesicht des Greises, der er eines Tages sein würde.*

Die Krankheit unterminiert die heimliche Liebe. Gauvain fühlt sich so matt, dass eine zärtliche Geste genügt, ihm die Tränen in die Augen zu jagen: *Er schlief nicht mehr mit mir, wie man ein Festmahl gierig verschlingt, wie man in schöner Ungeduld aufstampft oder wie man atmet, sondern vielmehr, wie man sich ins Wasser stürzt, wie man sich regt, wie man sich besäuft. Und in einer Art Besessenheit versuchte er, mir seine Qual verständlich zu machen, sich von etwas zu befreien, was ihn erstickte. Das Wort „Depression" hatte noch nie zu seinem Vokabular gehört, also nicht zu seinem Leben. Und der Ausdruck „Weltschmerz" schien zu Recht lächerlich. Da er nicht von „existenzieller Angst" sprechen konnte, sagte er immer wieder: „Ich bin nicht auf dem Damm."*

Dennoch kennt George die wahre Liebe nur mit Gauvain. Auch der freundliche und gebildete Ehemann Sydney erfasst ihr Wesen letztlich nicht: *Ich entdeckte, dass Sydney niemals an meinen Körper als an etwas Einzigartiges gedacht hatte, und auch nicht an mich als eine unersetzbare Frau. Mit Recht übrigens. Ich gab ihm vollkommen Recht, aber ich hatte den Vorzug genossen, einen von mir Besessenen zu erleben, und ich konnte mich nicht mehr so recht an vernünftige Gefühle gewöhnen.*

Ihr offizielles Leben verbringt George in ihrer „seriellen Monogamie“ mit Jean-Christophe, Sydney und Françoise. Aber ist es ihr wirkliches Leben? Auch der stattliche und gestandene Gauvain repräsentiert nach außen die gediegene Existenz eines bretonischen Fischers auf allen Weltmeeren. Aber hat er sich gefunden? *Er „lebte“ nicht mehr, zumindest nicht im üblichen Sinn des Wortes*, heißt es hier: *Er belauerte den Meeresgrund, überwachte seine Langleinen, versuchte in dieser schäumenden Landschaft nicht wahnsinnig zu werden, und wartete auf den Tag der Pensionierung. Die Langusten hatten das Leben seiner Familie verändert. Sie hatten ihm erlaubt, sein Haus zu vergrößern und seinen ältesten Sohn, der promovierter Chemiker war, für zwei Jahre nach Amerika zu schicken. Joel hatte sein eigenes Auto, einen speziell für einen Behinderten ausgerüsteten 2 CV. Eine der Töchter unterrichtete in Rennes, die andere war Stewardess. Marie-Josèe hatte sich drei Goldzähne machen lassen, vorne, wo jeder sie sah. Im Grunde konnten alle den Langusten dankbar sein.*

Langsam und schleichend wird das Glück der unerschütterlich Liebenden bedroht. Der sonnengegerbte Seebär Gauvain mit seinem

Salzgeschmack auf der Haut ist innerlich ausgehöhlt durch eine Krankheit, die er verdrängt: *Als ich ihn ein halbes Jahr später wiedersah, wie üblich auf einem Flughafen, erschütterte mich sein Aussehen. Fünfzig Jahre eines so harten Lebens hatten ihm inzwischen doch ihren Stempel aufgedrückt. Gauvain erschien mir eher gegerbt als gebräunt, eher zerfurcht als von markanten Falten gezeichnet, eher steif als kraftvoll. In seinen Muskelpanzer eingepfercht, hatte er begonnen, seinen Langusten zu ähneln. Was unverändert blieb, waren seine blauen Quellwasseraugen, der Eindruck von Stärke, den er vermittelte, und auch eine rührende Selbstsicherheit, die ich an ihm noch nicht kannte und die mit seinem materiellen Erfolg zu tun hatte.*

Mit fünfundfünfzig Jahren ist Gauvain noch einmal so feurig wie nie zuvor. Aber zum ersten Mal sagt der körperlich angeschlagene Geliebte zu George: *Manchmal denke ich mir, wenn ich einfach so sterben könnte, bei dir …, das wäre sicher nicht die schlechteste Art, die Welt zu verlassen.* Beiläufig erzählt er der geliebten Frau von einer bevorstehenden Bypass-Operation: *Du wirst aufgemacht, sie wechseln dir einen Schlauch aus, und hinterher bist du wie neu!* Und: *Mein Le-*

*ben ist für mich nicht so wichtig. Wichtig bist du in meinem Leben. Das weißt du. Ohne dich ist es mir scheißegal, was passieren kann.*

Es passiert. Am 3. November unterzieht sich Gauvain im Krankenhaus von Rennes der Herzoperation. Am 5. November meldet der Chirurg, die Operation sei geglückt und der Patient wohlauf. Am 7. November nachts stirbt Gauvain auf der Intensivstation, ohne noch einmal zu sich gekommen zu sein: *Mein Sohn ist verschieden, sagte mir seine Mutter am Telefon, und ich brauchte ein paar Sekunden, um zu begreifen, dass „verscheiden" sterben heißt ... Für mich war Gauvain nicht verschieden, er war tot. Mein Kormoran würde seine Flügel nie wieder ausbreiten.*

Am Ende dieser grandiosen Darstellung einer Außenbeziehung, die in Wahrheit vielleicht die Hauptbeziehung ihres Lebens war, hat George zwei wesentliche Erkenntnisse: *Heute glaube ich, dass „sich lieben" bedeutet, zwei zu bleiben, bis zur Zerrissenheit.* Und: *Man muss lernen, dem anderen manchmal untreu zu sein, um es sich selbst gegenüber nicht zu sein.*

# Neugeburt

*Ich erlebe sehr oft, dass in einer Außenbeziehung plötzlich eine tiefere Möglichkeit des Menschseins, eine tiefere Möglichkeit von Liebe und Hingabe erlebt wird, wie sie vielleicht doch nie oder schon lange nicht mehr erlebt worden ist. Die Menschen werden plötzlich aus ihrem Alltag herausgerissen und entdecken Fähigkeiten, an die sie nicht geglaubt haben … Vielleicht liegt der Sinn in diesem Momenthaften, sich auf den Weg dorthin zu begeben. Es leuchtet also ein Stück Hoffnung auf, dass doch mehr möglich sein könnte, als man bislang in seinem Leben für möglich gehalten hätte.*

Hans Jellouschek,
Warum hast du mir das angetan?
Untreue als Chance

Meist wird das Dreiecksverhältnis von dem „Treuen" als ein Verhängnis, also etwas tragisch über ihn Verhängtes, empfunden, vom „Untreuen" als schicksalhafte Fügung. Beiden

WAS WILLST DU MIT DEM TYP? BIETE ICH DIR NICHT ALLES?
WUFF!
TM

Auffassungen ist gemein, dass die Dynamik, die plötzlich in die Paarbeziehung gekommen ist, geleugnet wird. Es hat sich, so scheint es, schlicht etwas ereignet, wie eine Infektion, ein Verkehrsunfall, ein unvorhersehbares, kritisches Ereignis. Stimmt das?

Julia Onken hebt in ihrem lebendigen Buch *Die Kirschen in Nachbars Garten. Von den Ursachen fürs Fremdgehen und den Bedingungen fürs Daheimbleiben* die aktive, unternehmerische und beinahe spielerisch neugierige Stoßrichtung in der Außenbeziehung hervor: *In der Wahl des Begriffs Fremdgehen rückt der Aspekt des Selbsthandelns und der Selbstverantwortung in den Vordergrund, schließlich geht jeder, der fremdgeht, selbst dorthin. Zudem steht die Selbstverantwortung im Zentrum.* Das Gleiche gelte auch für das Sprachbild vom *Seitensprung*: *So heißt „Seitensprung" ja nichts weiter, als eben mal kurz zur Seite zu springen, und impliziert, hinterher wird wieder auf dem Hauptpfad weitergeschritten.*

Mit diesem Verweis auf die Dynamik der Außenbeziehung will ich nicht ihre Dramatik verharmlosen, sondern dich, liebe Leserin, lieber Leser, ermuntern, die schöpferische Kraft einer Beziehungskrise zu spüren und fruchtbar zu machen. Woche um Woche erlebe ich, dass Frauen und Männer mir von ihrer geheimen Liebe erzählen und dabei voller Lebendigkeit sind. Sie berichten von der psychischen Neugeburt, die sie in ihrer neuen Liebe erfahren und von der Friedhofsstille ihrer Ehe. Sie erzählen von ihrer früheren Resignation und der plötzlichen Renaissance ihrer Selbstwürde. Sie sprechen über wiedergefundene Gefühle, Sexualität und Zärtlichkeit. *Einmal waren wir etwas mehr zusammen als „erlaubt"*, so schreibt mir Viktoria über ihren Ausbruch aus einer depressiven Ehe zu einem lebensfrohen Mann, *es war für mich Harmonie, Liebe, Glück. Da wusste ich, das ist mein Herzenswunsch.*

Nur wer sich verändert, bleibt sich treu. Eine Neugeburt der Persönlichkeit geschieht oft, das wissen wir alle, durch die Begegnung mit einem Menschen. Das haben wir als Kinder und Jugendliche in der emotionalen Berührung durch eine Lehrerin, einen Lehrer erfahren, später waren es Dichter, politische Persönlichkeiten wie Willy Brandt oder Mandela, Denker wie Albert Schweitzer oder Jean-Paul Sartre, pionierhafte Frauen wie Alice Schwarzer oder Gräfin Marion Dönhoff. Es waren Wegbegleiter in unserer Ausbildung, im Beruf, im Sport, in der Kirchengemeinde oder in einem Arbeitskreis. Sie bewegten uns. Sie führten uns zu neuen Ufern. Es war oft ein Stück Verliebtsein, das uns dabei beflügelte.

So und nicht anders ist es auch, wenn sich zwei Menschen in einer Außenbeziehung begegnen. Sie spiegeln sich aufregend wider. *Weißt du, wie schön deine Augen sind? Weißt du, wie ich deine Klugheit und Tiefe schätze?*, so sagt der Mann zu der Frau. Er spiegelt ihr dabei den Reichtum ihrer Persönlichkeit, den der eheliche Schatzverwalter seit langem nicht mehr gewürdigt hat.

*Du bist so ein zärtlicher Mann. Deine Tüchtigkeit, dein Einfallsreichtum, dein politisches Engagement finde ich großartig.* Das gesteht die Frau dem Mann. Sie gibt ihm damit wieder ein stolzes Gefühl seiner Selbst zurück, was die nörgelnde Ehefrau seit Jahren abgetrieben hat. Beide „illegal" Liebenden lieben das Schönste aus dem anderen heraus. Die Außenbeziehung wird zu den Geburtswehen ihrer Persönlichkeitsentwicklung. Nietzsche sagt dazu in *Jenseits von Gut und Böse*: *Die Liebe bringt die hohen und verborgenen Eigenschaften eines Liebenden ans Licht.*

Sind Menschen nicht oft von den zermürbenden Mühen einer Ehe überfordert? Zerbrechen sie nicht manchmal unter den Lasten? Leidet unter der *Treue zu der Beziehung* nicht oft die *Treue zu sich selbst*? In einem Essay *Ein Mensch braucht mehr als nur Moral. Über Tugenden und Laster* registriert Eugen Drewermann: *Die Liebe möchte, dass man einander vertrauen kann, und es gibt kaum etwas Schlimmeres im Verhältnis zweier Liebenden als U n t r e u e. Schauen wir aber psychologisch hin, was der Grund etwa eines Ehebruchs sein kann, so werden wir in aller Regel eine zerbrochene Persönlichkeit entdecken. Fragen wir uns, was U n t r e u e im Umgang miteinander hervorbringt, so werden wir finden, dass sie in aller Regel wesentlich darin ihre Ursache hat, sich selber viel zu oft n i c h t treu haben bleiben zu dürfen.*

Sabrina schrieb mir über dieses Drama der „Untreue", die zur Treue zu sich selbst wird, einen aufwühlenden Brief. Ihrem Mann Friedrich ging es über Jahre schlecht: Asthma, Diabetes und Depressionen quälten ihn. Eine Operation jagte die andere. Er verlor seine Lebensfreude und Liebenswürdigkeit, der Sex versandete. Streitigkeiten verfinsterten den

Alltag. Die Kinder waren fordernd. Sabrina: *Das alles machte mich so lebensmüde, dass ich oft an Selbstmord dachte. Ich konnte einfach alles nicht mehr ertragen. Doch eigentlich liebte ich alle meine Familienmitglieder so sehr; auch meinen Mann, doch ebenso sehr hasste ich sie alle. Sie machten irgendwie aus mir eine Frau, die sich absolut nicht mehr als solche fühlte.*

Dabei brodelte in Sabrina eine unstillbare Lebenssehnsucht: *Eigentlich steckte in mir so viel Verständnis, Fürsorge, Lebensfreude, Sexgefühl. Ich hatte so wahnsinnig Lust auf Sex, auf Küsse, Liebe, Anerkennung, schöne Worte. Tatsächlich liebe ich meinen Mann noch heute, allerdings habe ich mich gleichzeitig auch in einen anderen Mann unendlich verliebt. Wie das passieren konnte?*

Sabrina betreute als Schwester in einem ambulanten Pflegedienst eine alte Patientin. Eines Tages musste sie für diese bei einem Internisten ein Medikament abholen. Der Arzt gab ihr die Hand. Er sah glänzend aus: *Ich bin fast umgefallen. Er schien sich auch total zu freuen, dass wir uns kennen gelernt hatten.* Es war wohl die berühmte Liebe auf den ersten Blick. Ein paar Tage später machte der Arzt einen Hausbesuch bei der alten Patientin. Sabrina war anwesend: *Ich habe ihm die Türe geöffnet. Er hatte so eine Freude in den Augen, als er mich sah. Ich war natürlich auch total aufgeregt. Er fragte mich, ob denn nur so hübsche Schwestern im Pflegedienst arbeiten würden. Ich solle ihn anrufen, wenn die Patientin etwas brauche. Natürlich rief ich oft an …*

Wochen später musste unser schöner Arzt auf Dienstreise: *Am Telefon sagte ich ihm noch, er solle gut auf sich aufpassen. Ich merkte, dass er es genoss, dass ich so etwas zu ihm sagte. Als er von der Dienstreise zurück war, musste er wieder einen Hausbesuch bei meiner alten Dame machen. Ich empfing ihn, und wir lachten sehr viel zusammen. Immer wieder sahen wir uns an. Als ich ihn herausbegleitete, drückte er mich im Flur sachte an die Wand und küsste mich innig. Nun war es um mich geschehen. Ich schwebte im 7. Himmel. Ich ging an diesem Tag heim, und all meine Sorgen waren nur noch halb so schlimm. Ich war wieder freundlich zu meiner Familie und glücklich. Dieser eine Kuss hatte aus mir eine völlig andere Frau gemacht.*

Es kam, wie es kommen musste: *Nicht lange danach ging ich abends um 20.00 Uhr zu ihm nach Dienstende in seine Praxis. Mein Gott, war ich nervös. Er aber auch. Wir küssten uns, zogen uns gegenseitig aus und schliefen zweimal miteinander. Draußen hatte es angefangen zu regnen und zu gewittern. Es war wie im Film. Ja, ich und auch er waren das erste Mal fremdgegangen. Wir hatten ein schlechtes Gewissen, aber gleichzeitig genossen wir es auch.*

Es war der Beginn einer erotischen Obsession. Die beiden besaßen sich und waren besessen voneinander: *Alle vier bis sechs Wochen sahen wir uns, schliefen zusammen, redeten unwahrscheinlich viel, vor allem aber küssten wir uns. Wir können heute noch nicht voneinander lassen. Seine Küsse sind der reinste Wahnsinn. Er bringt mich mit seinen Küssen zum Orgasmus. Er befriedigt mich mit seinen schönen Händen, und wir sind beide so wild aufeinander. Ich fresse ihn immer am liebsten fast auf, er mich wohl auch. Aber er liebt seine Frau. Ich hätte für ihn meinen Mann wahrscheinlich verlassen. Für ihn ist dieser Gedanke wohl Utopie. Doch er denkt oft an mich, sagt er. Aber was ich ihm wirklich bedeute? Ich weiß es nicht. Auf alle Fälle weiß ich, dass ich ohne ihn diese schwere Zeit zu Hause nicht so gut überlebt hätte. Er war und ist es auch jetzt noch – mein Lichtstrahl im kalten dunklen Keller.*

Verlassen wir hier Sabrina. Sie wird ihren Weg gehen müssen, wo immer er sie auch hinführt. Paartherapeuten erfahren viel von den Geheimnissen der Partnerwahl. Sehr oft enthalten sie neurotische Elemente. Beziehungen sind hochkomplexe Systeme mit einer jeweils ganz individuellen Dynamik und Entwicklungsrichtung. Sehr oft sucht sich ein Mensch auf seiner Partnersuche unbewusst den Partner heraus, mit dem er seine früheren Konflikte aus der Ursprungsfamilie wieder aufleben lassen kann. Sigmund Freud sprach vom *Wiederholungszwang*. Sehr oft kommt es mit Hilfe des erwählten Partners zu einer Neuinszenierung der krankmachenden Familiensituation aus der Kindheit.

Die Außenbeziehung, und das ist das psychodynamisch außergewöhnlich Aufschlussreiche und Spannende, stellt sehr oft den Versuch einer *Korrektur der alten neurotischen Partnerkonstellation* dar. Das klingt alles recht theoretisch. Schauen wir uns einmal einige Fälle aus der Praxis an, und schon wird das Geheimnis offenbar.

Da ist Hannelore. Ihr ehelicher Ausbruch hat einige Ähnlichkeiten mit dem erotischen

Kometenzusammenstoß von Sabrina. Hannelore ist OP-Schwester und hatte sich, als sie zu mir in die Praxis kam, stürmisch in Georg, einen älteren Chirurgen, eine Vaterfigur fast, verliebt, und er in sie. Wie Susanne hatte sie zu Hause einen kranken Mann, das heißt, genauer gesagt, Bert war eher der Typus eines schwächelnden Hypochonders und chronisch Zwanghaften. Bert arbeitete nur noch stundenweise in seinem Familienbetrieb, er ruhte viel, trieb keinen Sport, nahm aufwändige Diäten zu sich. Bert wollte, wie er sagte, *meinem Herzen keinen Sex zumuten.* Er quengelte wie ein verzogenes Kind, wenn nicht alles im Haushalt tipptopp lief.

Nun fragt man sich, warum um alle Welt heiratete Hannelore diesen Typus Mann, der vom ersten Tag der Bekanntschaft an seine körperliche Schwäche und seelische Bedürftigkeit signalisierte? Tatsache war, so ergab die Anamnese, dass Hannelores Vater als herzkranker Mann seine Familie mit angeblich ständig drohenden *Herzattacken* manipulierte und sich damit eine infantile orale Bedürfnisbefriedigung rund um die Uhr sicherte. Hannelores Mutter flüchtete in den Beruf, sodass die Last, den Vater zu versorgen, auf den zarten Schultern der Tochter ruhte.

Hannelore wurde, wie der psychologische Fachterminus lautet, *parentifiziert*, das heißt, in Elternaufgaben hineingezogen (*parentes, die Eltern*). Denn es kann wohl nicht die Aufgabe eines kleinen Mädchens sein, ununterbrochen den Vater zu betüteln und ihn seelisch aufzurichten. Genau aber das tat Hannelore. Sie wurde dafür geliebt, aber auch mit Liebesentzug bestraft, wenn sie es vorzog, dem demonstrativ auf der Couch vor sich hinleidenden Vater nicht länger vorzulesen, sondern mit ihrer Freundin zu spielen.

Erwachsen geworden, wurde die kleine Helferin Hannelore zur großen Helferin: Sie verschwendete sich bis an die Grenzen ihrer Kräfte im medizinischen Beruf. *Nur wenn ich helfe, bin ich*, so lautete ihr geheimes Glaubensbekenntnis, das vom kindlichen Minderwertigkeitskomplex geprägt war. Instinktiv suchte sich Hannelore in Bert genau so einen bedürftigen Mann als Partner, wie es ihr Vater gewesen war. Damit konnte sie sich in einer vertrauten, wenn auch kranken Konstellation Anerkennung holen und ihre Verlustangst mildern. Denn ein kranker Mann haut nicht ab. Sie verhielt sich getreu der therapeutischen Maxime: *Der Neurotiker zieht sein bekanntes Unglück dem unbekannten Glück vor.*

Wie es weiterging? Hannelore liebte Georg, ihre Vatergestalt. Beide lösten sich aus ihrer Ehe und fanden zusammen. Hat Hannelore deshalb aus einer *Vaterübertragung* gehandelt? Das mag vielleicht sein. Aber diesmal wählte sie sich einen versorgenden, starken Vater, und das ist nicht das Schlechteste. In der Einzeltherapie jedenfalls streifte Hannelore die Eierschalen ihrer problematischen Helferpersönlichkeit ab und lernte, Schritt um Schritt, kraftvoll für sich selber zu sorgen. Sie vermochte jetzt das zu praktizieren, was Helfern so schwer fällt, den *sacro egoismo*, den heiligen Egoismus. Georg wiederum erwies sich als ein so starker Sparringpartner, dass sie bei ihm sogar die verdrängte Kunst der Aggression zu lernen vermochte. Ihr Mut, seine Werbung zu erwidern, war der Beginn der Neugeburt. Der Segen einer reifen Zweitbeziehung lag über ihrer Liebe.

Eine seelische Neugeburt ereignete sich auch bei Thilo. Sein Fall ist mir nach vielen

Jahren noch bis in alle Details gegenwärtig geblieben. Ich habe Thilo sofort gemocht, als er zum ersten Mal meine Praxis betrat. Er war ein geistvoller, gebildeter und sanfter Mann mit einem zarten, sensiblen Gesicht. Thilo kam, weil er, wie er fassungslos gestand, *in den Sumpf einer Affäre* hineingeraten war. In seiner Stimme schwang verhaltene Empörung. Das ausgerechnet ihm das passiert war. Ich konnte seine Hilflosigkeit verstehen, als ich seine Geschichte vernahm.

Thilo war eine ehemaliger katholischer Priester. Mit Julia hatte er den mühsamen Ausbruch aus dem Zölibat, den Hinauswurf aus der Kirche und den schwierigen beruflichen Neuanfang erlebt, durchlitten und geschafft. *Julia verdanke ich alles. Ihre Liebe hat mich über Abgründe getragen.* Und jetzt die *verhängnisvolle Affäre* mit Margaretha, einer Studentin. Man denke, ein Expriester und eine Studentin!

Was war geschehen? Schon seit längerem hatte die Sexualität zwischen Thilo und Julia nicht mehr geklappt. Eigentlich war sie schon immer schwierig gewesen. Daran waren, wie sich in der Therapie herausstellte, beide, nein, nicht schuldig, sondern beteiligt. Thilo war als einziges Kind eines streng katholischen Ehepaares aufgewachsen. Sein Vater arbeitete in der kirchlichen Verwaltung und wäre am liebsten Priester geworden, was er auf Grund seiner einfachen Herkunft und Ausbildung nicht konnte. So delegierte er seinen Wunsch an den Sohn. Der sollte sich *dem Herrn weihen.* Sexualität war im Elternhaus tabu, ja, sie wurde verteufelt. Seine Mutter erlebte der kleine Thilo als einen Inbegriff der *Reinheit und Prüderie*.

Psychoanalytisch fällt hier auf, wie stark die Keuschheitsforderung durch das Vorbild der Mutter – theologisch die „Mutter Maria" – motiviert wird. Eugen Drewermann bemerkt dazu in seinem Standardwerk *Kleriker. Psychogramm eines Ideals*: *Bis in die Träume hinein geht also dieser Kampf um die Reinheit, dieser geistige Wille sittlicher Vervollkommnung, man begreift mit Erschrecken, wie früh und bedingungslos die christliche Theologie eine Richtung eingeschlagen hat, die, je länger, je mehr, den Menschen meinte erlösen zu müssen, indem sie ihn bis in den Schlaf hinein in den erklärten Widerspruch zu sich selbst und zu der ihn umgebenden Natur hineintrieb.*

Thilo wird pflichtgemäß Priester. Die Qual, letztlich zur emotionalen Einsamkeit verdammt zu sein, schüttelt ihn im Laufe der Jahre immer stärker. Da begegnet er Julia. Sie ist der Typus der vergeistigten, stark meditativen Pastoralreferentin. Die Liebe der beiden zueinander braucht denn auch Jahre, bis sie ihnen selbst offenbar wird. Beide sind sexuell gehemmt. Julia kommt sozusagen aus einer symmetrisch gleichen Primärfamilie – enges katholisches Elternhaus, verklemmte Sexualität, Eltern, die sie nie nackt gesehen hat. Julia ist sich nicht sicher, ob sie eigentlich ehelos bleiben will. Die Sexualität macht ihr Angst. Sie ist etwas *Niederes*. Mit Thilo erlebt sie geistige Wonnen, feinste seelische Berührungen, einen ins Abstrakte sublimierten Eros.

Die Dramaturgie des Unbewussten treibt beide an: Weil sie beide sexuell gehemmt sind, wagen sie sich nur zögernd aneinander heran. Keiner muss Angst haben vor dem eventuell heftigen Begehren des anderen. Jeder signalisiert sozusagen dem Partner Schonung, Rücksichtnahme, Sexualität in der vergeistigsten und schwächsten Form, wie einen zweiten Teeaufguss. Unter dieser Prämisse finden die beiden scheuen Rehe Thilo und Julia zusammen. Sie heiraten nach dem erzwungenen Bruch mit der Kirche, lieben sich tief, aber sexuell wie unter einer narkotischen Betäubung.

Auftritt Margaretha: Sie ist eine junge emanzipierte Frau, eine leidenschaftliche Verfechterin feministischer Theologie und körperlicher Sinnenhaftigkeit. Wie ein Wüstensturm brettert sie über den erschrockenen Thilo hinweg. Am Ende brennt er lichterloh. Er wird zum Mann, endlich. Er weiß, dass er Julia schwer verletzt, aber er weiß auch, dass er dieses Feuer nicht austreten darf, denn es ist sein Lebensfeuer, das so lange unterdrückt unter der Asche glühte. Klar und verantwortungsvoll wie er ist, eröffnet er Julia rückhaltlos die Wahrheit. Rückhaltlos nicht nur im Sinn der umfassenden Offenlegung seines Verhältnisses, sondern indem er sich ihr in seiner neuen Männlichkeit zumutet und ihre schlummernde Weiblichkeit provoziert. Anfänglich fast gegen ihren Willen schleppt er sie zur Paartherapie bei mir. Immer wiederholt Thilo einen Satz, manisch wie ein Mantra: *Es muss etwas geschehen zwischen uns.*

Als Julia in ihrer Verzweiflung mit nicht enden wollenden Tränenflüssen auf seinen „Verrat“ antwortet, ermannt sich Thilo in einer Sitzung: Er schreit voller Schmerz: *Unsere lauwarme Sexualität hat dich und mich nicht satt gemacht. Geben wir es doch zu. Ich habe dich zur Gottesmutter Maria gemacht. Das ist mein Part. Du hast mich zu Gottvater gemacht. Aber wir sollen uns nicht anbeten, sondern leidenschaftlich Liebe machen. Das will ich.* Von da an gings bergauf. Margaretha, die für die eheliche Entwicklung als ein starker Katalysator gewirkt hatte, verschwand von der Bildfläche, von Thilo mit dankbarer, von Julia mit kritischer Erinnerung begleitet.

Außenbeziehungen *geschehen* oft fast gegen den Willen der Beteiligten, wie Julia Onken beobachtet (in: *Die Kirschen in Nachbars Garten*): *Viele Menschen, die in eine neue Partnerschaft oder in eine Außenbeziehung hineintrudeln, geben eher das Bild eines steuerlosen Schiffs ab. Die Leidenschaft, die kaum mit logischen Erklärungen erfasst werden kann, packt sie, wirft und schleudert sie im stürmischen Meer hin und her. Auch das Ende einer Affäre gleicht oft eher einer Naturkatastrophe und wirft die Beteiligten wie Schiffbrüchige umher.*

Als Schiffbrüchige auf dem Meer der Leidenschaften empfand ich auch Stefanie und Hubert, als sie, beide voller wilder Anklagen, auf den zierlichen Korbsesseln in meinem großen Praxisraum saßen. Anlass des ehelichen Hurrikans: Hubert, Industriejurist, hatte sich auf einer Fortbildungsveranstaltung in Österreich in Karin, eine Diplomvolkswirtin mit mädchenhafter Körperlichkeit, verliebt. Stefanie war außer sich, denn das hätte sie ihrem schizoiden, also gefühlskargen, sachlich-nüchternen Hubert nie zugetraut. Schlimmer noch: *Seit zehn Jahren hast du nicht einmal zu mir den Satz „Ich liebe dich" gesagt, mir keine Blumen geschenkt, keine Leidenschaft gezeigt, und jetzt muss ich entdecken, dass du dem Flittchen per Fleurop zweiundvierzig Rosen zum Geburtstag schickst, du Dreckskerl!*

Auch hier war wieder die ursprüngliche Konstellation der „Treuen" wie des „Untreuen" aufschlussreich. Hubert war das seelische Produkt eines „preußischen", gefühlsabstinenten, leistungsversessenen Vaters, der seine Söhne mit Härte zum Erfolg drängte. Die Mutter hatte sich dem nicht entgegengestemmt. Als ein Virtuose der Außenwelt und als ein Analphabet der Gefühle betrat unser Hubert, ein emotionaler Neandertaler, die Welt der Geschlechter. Er suchte und fand, wohl unbewusst, die warmherzige Stefanie, die schon in ihrer Ursprungsfamilie die Funktion eines Kachelofens auf zwei Beinen eingenommen hatte. Stefanie wiederum reizte es, den Panzer dieses erfolgreichen Jungakademikers zu knacken, um, wie sie hoffte, an das weiße Fleisch seiner jungfräulichen Seele heranzukommen. Sie erlebte Hubert als überlegen und empfand ihre eigene Warmherzigkeit eher abwertend als *sentimental* und *weibisch*. Trotzdem spürte Hubert in all den Jahren der Ehe immer wieder ihre unausgesprochenen Vorwürfe, ihr Drängen und Klammern, ihre emotionalen Bedürfnisse – und igelte sich noch mehr ein.

Stefanie tat genau das, was sie in ihrer Familie gelernt hatte: Je stärker die Temperatur im familiären Gebäude sank, desto mehr heizte sie den Ofen ihrer wärmenden Zuwendungen an. *Ich bin*, gestand sie einmal in einer Sitzung, *eine Masochistin. Wenn man auf mich nicht bejahend reagiert, wende ich mich nicht ab, sondern verdoppele meine Anstrengungen. Das mache ich bis zur absoluten Selbstdemütigung.*

Die Begegnung mit einer neuen Frau eröffnete nun Hubert die Möglichkeit, sein Gefühlsgefängnis zu sprengen. Denn Karin bot ihm zwei Chancen: Einmal löste sie, im Gegensatz zu seiner körperlich stämmigen Ehefrau Stefanie, einen männlichen Beschützerinstinkt in ihm aus, zum anderen war sie, rätselhaft wie Menschen sind, introvertiert und sparsam in ihren Gefühlsäußerungen. Jetzt musste Hubert eine Gefühlsmauer berennen, den Part des Werbenden und Extrovertierten übernehmen – und konnte es plötzlich. Er öffnete sich wie noch nie zuvor in seinem Leben, gab sein Innerstes preis und weinte vor Sehnsucht, wenn er die Geliebte manchmal einen Tag lang nicht mit dem Handy erreichte: *Ich bin wie umgewandelt. Ich kann nicht verstehen, wie lange ich es in meiner inneren Gletscherlandschaft ausgehalten habe. Diese Karin rührt mich unendlich an. Ich kann mit ihr sprechen wie mit einer Schwester. Sie kritisiert mich nicht. Ich lerne, mit meinem Körper zu sprechen. Ich wusste gar nicht, dass ich so voller Zärtlichkeit bin.*

Auch hier wirkte die Außenbeziehung wie ein Rammbock, der den Bunker des alten

Ehegebäudes aufbrach. Das Tohuwabohu der Gefühle war gewaltig. Hubert und Stefanie mussten durch ein Meer der Schmerzen. In der Paartherapie wie in der jeweiligen Einzeltherapie bei mir lernten sie die Beziehung und sich selbst zu begreifen, an ihrer Schattenpersönlichkeit zu arbeiten und der Ichwerdung Raum zu geben. Sie lernten, durch die Außenbeziehung Huberts dazu gezwungen, das, was der Paartherapeut Hans Jellouschek (*Warum hast du mir das angetan? Untreue als Chance*) als eine *tiefere Möglichkeit des Menschseins, eine tiefere Möglichkeit von Liebe und Hingabe* bezeichnet, *wie sie vielleicht noch nie oder schon lange nicht mehr erlebt worden ist.*

# Trauer

*… dass jede Außenbeziehung, auch wenn sie aus einer noch so desolaten Beziehungssituation heraus eingegangen wird, einen Verrat an der ursprünglichen „Paar-Utopie" darstellt, von der die beiden Partner inspiriert waren, als sie sich kennen lernten. Die Außenbeziehung zerstört diese Utopie und macht sie – vielleicht endgültig – zur Illusion. Möglicherweise ist dies sogar ein notwendiger Prozess, aber er wird als schuldhaft erlebt, weil etwas zerstört wird, was bisher ein wichtiges gemeinsames Fundament des Paares war.*

Hans Jellouschek,
Warum hast du mir das angetan?
Untreue als Chance

Die Außenbeziehung gibt uns, ob wir wollen oder nicht, einen Einblick in das Unberechenbare der Liebe. Was wäre die Liebe ohne das Element des Verrückten, des Un-

VIELE, VON DENEN MAN GLAUBT,
SIE SEIEN GESTORBEN,
SIND BLOSS VERHEIRATET.

(FRANÇOISE SAGAN)

kalkulierbaren, des erotischen Blitzschlags. Nietzsche, der große Psychologe unter den Philosophen, befindet (in *Also sprach Zarathustra*): *Es ist immer etwas Wahnsinn in der Liebe.*

*Wir haben uns immer wahnsinnig geliebt*, gestand mir Anna, eine mit siebzig Jahren immer noch temperamentvolle und schöne frühere Geschäftsfrau. Die wahnsinnige Liebe galt nicht ihrem Ehemann, sondern Lutz, einem höheren Beamten. Sie konnten zueinander nicht kommen, denn das Wasser war viel zu tief. Anna hatte vier Kinder, Lutz drei. Beide schätzten ihre Partner als verlässliche Größen in ihrem Leben.

Anna: *Ich hätte meinen Mann nie heiraten dürfen. Wir passten einfach nicht zueinander. Er war von Anfang an an Büchern, Kultur, anderen Ländern und Menschen desinteressiert, ihn beschäftigte allein sein Kfz-Betrieb. Ich lernte bereits zu Hause Balletttanzen und Klavierspielen, Fremdsprachen und die Welt der Literatur und Musik. Er ist eher schwerblütig, ich bin eine Champagnernatur. Aber er sorgt unablässig für die Familie und weicht keinen Zentimeter vom Pfad der Tugend ab. Ich glaube, so etwas wie Versuchungen kennt er in seinem Wortschatz über-*

*haupt nicht. Er ließ nie einen Zweifel daran, dass er mit mir alt werden will. Ich könnte ihm den Schmerz der Trennung nicht zufügen. Mit unseren Kindern und Enkelkindern verbindet uns so vieles. Wir haben uns ein behagliches Haus in einem großen Garten geschaffen und erleben jetzt den Ruhestand. Spannend ist es immer noch nicht.*

*Lutz dagegen ist seit zwanzig Jahren mein Lebenselixier. Wir faxen und mailen uns täglich gegenseitig, was ich gut kann, da ich ein eigenes kleines Arbeitszimmer habe. Wir lesen die gleichen Bücher, die gleichen Zeitschriften, tauschen CDs aus und genießen eine verrückte Erotik ohne die übliche Scham. So lange ich Lutz habe, werde ich nicht alt. Kann denn Liebe Sünde sein?*

Es ist nicht nur der Jagdruf der Hormone, der Menschen wider alle gesellschaftlichen Konventionen heimlich zusammenschweißt. Es ist oft die Magie des Erkennens und Erkanntwerdens, der aktiven und passiven Spiegelung, des Anrufs des Lebens selbst. Der Dichter Erich Fried hat diesen gefährlichen Funkenflug, der Menschen unfreiwillig in Brand setzt, in einem Gedicht von paradoxer Wahrheit formuliert:

## *Was es ist*

*Es ist Unsinn*
*sagt die Vernunft*
*Es ist was es ist*
*sagt die Liebe*

*Es ist Unglück*
*sagt die Berechnung*
*Es ist nichts als Schmerz*
*sagt die Angst*
*Es ist aussichtslos*
*sagt die Einsicht*
*Es ist was es ist*
*sagt die Liebe*

*Es ist lächerlich*
*sagt der Stolz*
*Es ist leichtsinnig*
*sagt die Vorsicht*
*Es ist unmöglich*
*sagt die Erfahrung*
*Es ist was es ist*
*sagt die Liebe*

Natürlich kann die außereheliche Liebe, wie wir es gerade bei Anna sahen, als Stabilisator der Ehe funktionieren und für die offizielle Partnerschaft eine konservierende Wirkung entfalten. Vielleicht ging sogar der Zauber des Liebhabers in einem gemeinsamen Alltag verloren. Vielleicht wäre das neue Paar überhaupt nicht alltagstauglich. Fluchten aus dem Alltag, Erlebnisse, die mit dem festen Partner schon lange nicht mehr möglich sind, haben ihren irrealen Zauber. Der Liebhaber zaubert Schmetterlinge in den Bauch der Frau, die Geliebte bestätigt den Mann mit dem Glanz einer neuen Männlichkeit. Und doch ist das Glück in der Außenbeziehung meist nur über Schmerz, Schuldgefühle und Trauer zu realisieren, gleichgültig, ob ich die Beziehung geheimhalte oder offenbare.

Halte ich die „fremde Liebe“ verborgen, so quälen mich die Gewissensbisse, die Heimlichkeiten, die unvermeidbaren Lügen, um mein Geheimleben zu arrangieren. In vielen Fällen kommt die Trauer hinzu, den Lebenspartner betrügen „zu müssen“. Mache ich Außenbeziehung offen, so kommen unausweichlich die Schmerzen der schweren Auseinandersetzung zu Hause auf mich zu. So oder so – ich entrinne der Schizophrenie der Situation nicht.

So oder so? Immer wieder fragen mich Klienten in der Einzelsitzung, ob sie ihre Zweitbeziehung weiterhin geheimhalten oder sie dem Partner „beichten" sollen. Das ist in der Tat eine entscheidende und nicht immer leicht zu lösende Frage. Doch schon die Wortwahl scheint mir verräterisch. Sind wir denn katholische Beichtkinder? Offenheit *um jeden Preis* ist eine infantile Haltung. Das erzwingen autoritäre Eltern oder eine totalitäre Beichtstuhlkirche von ihren Kindlein. Das Ideal einer mündigen Beziehung ist selektive und essenzielle Offenheit, aber nicht gläserne Transparenz. Auch Liebende dürfen und sollen Geheimnisse voreinander haben und keinen Offenbarungszwang.

Einerseits stellt sich die Frage: Ist ein Seitensprung noch offenzulegen, wenn er für den Akteur die damalige Bedeutung verloren hat, völlig unnötige Schmerzen auslösen würde und das Paar sich längst an einem anderen Punkt seiner Entwicklung befindet? Gegen meine Empfehlung hat einmal ein äußerst skrupulöser fünfundsiebzigjähriger Mann seiner Frau „gebeichtet", dass er mit fünfunddreißig Jahren ein vierteljähriges Verhältnis mit seiner Sekretärin unterhalten hatte. Die Frau, extrem bigott und fundamentalistisch protestantisch, reagierte mit Hysterie und Nervenzusammenbruch. Sie machte ihrem Mann monatelang das Leben zur Hölle. Ist die sexuelle und emotionale Neugier, die sich ein vitaler Mann, eine sehnsüchtige Frau gestattet, wirklich um jeden Preis Gegenstand eines ehelichen Gerichtsverfahrens?

Andererseits entpuppt sich das hartnäckige Verschweigen einer Parallelbeziehung als Entwicklungshemmer. Solange eine Außenbeziehung im Verborgenen gelebt wird, wirkt sie wie ein geheimes Ventil: Der Druck im Beziehungskessel wird klammheimlich abgelassen, anstatt dass die Kompression bis zum Platzen steigt, die Warnanlage in Gang setzt und Veränderung erzwingt.

Ich habe es immer wieder erlebt, dass Menschen mit einer von ihnen verschwiegenen Außenbeziehung Resignation an den Tag legten, was ihre Ehe anging. *Ich habe es aufgegeben, meinen Mann zu ändern*, meinte Erika, eine Religionslehrerin, die seit fünfzehn Jahren eine schöne Beziehung mit einem verheirateten Kollegen unterhielt. Sie meinte: *Eher geht ein Kamel durch's Nadelöhr, als dass mein Mann seine ständige Aggression, Rechthaberei und Streitlust aufgibt.* Dem Vorschlag einer gemeinsamen Paartherapie widersprach sie rigoros – vielleicht hätte sich dann der Mann gar nicht nur als Monster entpuppt, sondern die Ursachen seiner Aggression wären zu klären gewesen. Hatte sie nicht vielleicht auch Leichen in ihrem Keller? Oder hätte eine klare und durchgearbeitete Trennung nicht beiden einen lebensnotwendigen Entwicklungsschub gegeben? Trotzdem habe ich Respekt vor ihrer Entscheidung.

Das Verschweigen zementiert oft die unhaltbar gewordene Beziehung. Das ist der Preis des Schweigens. Die Befreiung, die im Verlassen der nicht mehr lebbaren Ehe als kostbare Frucht winken könnte, wird nicht gepflückt. Die Treue zu sich selbst, die in der Beendigung einer falschen Treue liegt, wird so möglicherweise verraten. Eugen Drewermann hat diesen Sachverhalt (in *Ein Mensch braucht mehr als nur Moral)* beim Namen genannt:

*Wenn Eheleute nach zehn oder zwanzig Jahren des Ringens aneinander, umeinander, miteinander schließlich nicht anders sagen können, als dass in ihrer Ehe, die angeblich „von Gott geschlossen" ist, der „Teufel" drin ist oder sagen wir: „der Wurm", wenn jedenfalls ihre Treue zerfasert, welch ein Recht haben wir dann, von außen zu dekretieren, dass zusammengeschweißt gehört, was so deutlich auseinander will und strebt? Reden wir dann von U n t r e u e oder womöglich nicht weit eher von einer tieferen Bejahung des anderen, so wie er wirklich ist, um den Preis freilich einer schweren Enttäuschung? Kann es nicht sein, dass wir T r e u e als kontinuierliche Bejahung der realen Identität einer Person erst mühsam l e r n e n müssen, ungewiss, welches der Ausgang sein wird?*

Eines ist auf jeden Fall gewiss: Bei der Offenlegung der Außenbeziehung kann sich keiner der drei an dem schweren Konflikt Beteiligten um die *Trauer* herummogeln. Diese Trauer trifft jeden und hat mehrere schwere Wundflächen.

Da ist zuerst einmal der „Betrogene", gleichgültig, ob es sich um einen Mann oder eine Frau handelt. Er ist, wie wir in den ersten beiden Kapiteln vielfach gesehen haben, erschüttert in den Grundfesten seiner Existenz. Nichts ist mehr so, wie es war. Nichts wird mehr so sein, wie es einmal gewesen ist. Die Unschuld der Beziehung ist ein für allemal verloren gegangen. Anstelle des Urvertrauens rückt das Urmisstrauen, an die Position der Sicherheit die Unsicherheit. Der oder die „Betrogene“ trauert um die – vermeintlich? – bombenfeste Sicherheit der Beziehung, die es einmal gegeben hat und die sich nunmehr als brüchig erweist.

Er trauert aber auch um seinen eigenen Identitätsverlust. Bis zu diesem Punkt wähnte sich der oder die Hintergangene als der Mittelpunkt des partnerschaftlichen Universums, als Fixpunkt einer exklusiven Liebe. Eher würde die Welt untergehen, als dass der Partner in seiner Treue und Zuverlässigkeit schwankte. Man hat vielleicht ein Haus gebaut, Kinder gezeugt, ein reiches Leben organisiert, und nun plötzlich, über Nacht, wankt das Beziehungsgebaude. Wird morgen das Haus verkauft? Werden die Kinder auseinandergerissen? Werden sich die Freunde splitten? Wird man allein bleiben? Wird man vielleicht nie wieder einen Partner finden?

Trauer erwächst auch über den vermeintlichen Verlust der eigenen Attraktivität: Bin ich alt und unattraktiv geworden? Bin ich geistig ungenügend? Bin ich nur noch als treu ackernde Mutter gut genug? Bin ich nur noch der brave fleißige Esel, der das Geld verdient und am Wochenende das Haus repariert? Trauer auch über das ungelebte Leben der letzten Jahre: Warum habe ich nicht aufgemuckt? Warum habe ich mir das Versickern unserer Sexualität gefallen lassen? Warum habe ich so viel Lieblosigkeit ausgehalten? Warum habe ich mich nur für die Kinder aufgeopfert?

Trauer vielleicht sogar über verpasste Gelegenheiten. Albert, ein schüchterner, knapp vierzigjähriger Berufsmusiker, erklärte mir melancholisch: *Ich hätte in der Kur Gelegenheit gehabt, mit einer so schönen und lieben Frau anzubandeln. Es hat mich mächtig gejuckt. Aber ich habe an meine Ehe gedacht. Was ich nicht ahnte zum damaligen Zeitpunkt, war, dass meine Frau längst einen Freund hatte. Ich könnte weinen, dass ich mir damals sogar verboten habe, mit dieser Frau, die kein „Kurschatten", sondern eine „Kursonne" für mich war, auch nur einen losen tele-*

*fonischen oder brieflichen Kontakt aufrechtzuerhalten.*

Aber auch der „Untreue“, gleich welchen Geschlechts, von dem man doch glauben sollte, dass er es genießt, wie die Schweizer sagen, sich *unter oder über dem Haag durchzufressen*, also hinter dem fremden Gartenzaun zu naschen, ist, sofern er ehrliche Gefühle zulässt, auch traurig. Hat er doch erst einmal das grenzenlose Vertrauen des Ehepartners verspielt. Der rückt jetzt ab, verschließt sich, bestraft ihn mit Schweigen oder macht schreckliche Szenen. Die Kinder schauen komisch. Die Schwiegereltern rufen an. Das Klima im Haus wird frostig.

Neben der Trauer überfällt den Fremdgänger möglicherweise auch die Angst, dass der Partner in einer Kurzschlussreaktion die „Brocken hinschmeißt“ und die Ehe aufkündigt. Ihm oder ihr wird es vielleicht ganz schwindelig, welche schweren Konsequenzen die Liebesaffäre nach sich zu ziehen vermag. *Als meine Frau mich erwischte,* berichtete mir ein Mann noch voller Schrecken im Gesicht, *da drohte sie, ihr Geld aus meiner Firma herauszuziehen und mich damit beruflich zu vernichten.*

Kommt hinzu auch die Trauer oftmals des Seitenspringers bzw. der Seitenspringerin über die gefährdete Außenliebe. Denn jetzt steht alles zur Disposition, auch die heimlichen Treffen, die nicht enden wollenden Gespräche, die Küsse, das Eintauchen in eine ekstatische Sexualität, die Liebesbotschaften, die Geschenke. Nun ist diese Liebe bedroht. Vielleicht ist ihr nur noch eine Galgenfrist beschieden, denn der Partner ist unerbittlich in seinem Zorn und seiner Verletztheit. Er oder sie droht: *Entweder beendest du die Affäre sofort oder ich gehe!*

Beide Partner trauern auf ihre je eigene Weise, laut oder nach innen, jeder für sich und über seinen Schmerz. Beide fühlen aber auch einen gemeinsamen Schmerz, den Hans Jellouschek im Prolegomenon dieses Kapitels benannt hat. Der Tübinger Paartherapeut spricht von dem Verrat an der ursprünglichen *Paar-Utopie*. Hat nicht jedes Paar einmal mit einem wundervollen Beziehungsentwurf begonnen: *Wir bauen ein Haus. Wir werden Kinder haben. Wir werden zusammenhalten wie Pech und Schwefel. Wir werden genießen. Wir werden uns ergänzen. Wir haben politisch, weltanschau-*

*lich und spirituell die gleiche Wellenlänge. Wir werden es uns rechtzeitig sagen, wenn wir uns einmal verlieben. Wir werden alle Konflikte offen klären.*

Junge Paare fühlen sich als die Architekten ihres Schicksals, sie entwickeln gigantische Kräfte und versetzen wahre Berge mit dem Glauben an ihre Liebe. Da ist kein Ziel zu schwer, keine Entbehrung so groß, kein Kindergeschrei so zermürbend, als dass es zwei Verliebte nicht zusammen packten. Und nun, nach dem Urknall der Außenbeziehung, sehen sie nur noch auf einen riesigen Scherbenhaufen. Das ist bitter. *Uns kann das doch nie passieren*, haben sie gedacht und sich geirrt.

Wie sagte der österreichische Dichter Peter Rosegger (in *Heimgärtners Tagebuch*) so treffend: *Es gibt Eheleute, die ihr Glück auswärts suchen, und in ihrem Hause liegt es aufgebahrt, scheintot. Auferstehen würde es durch den Ruf eines einzigen liebevollen Wortes, aber dieses Wort wird nicht gesprochen.*

Entschließt sich der oder die Fremdgegangene, seine Beziehung zu der geliebten Frau, dem geliebten Mann draußen zu beenden, so erfüllt meist schwere Trauer das Herz. Auch dafür muss Raum und Zeit sein. Nichts ist falscher, kränkender und unangemessener, als in der Krise der Außenbeziehung vom Partner zu verlangen, dass er sofort mit der oder dem Geliebten breche und sie oder ihn nie mehr kontaktiere. In der Außenbeziehung ist, wie schmerzhaft es auch für den Binnenpartner sein mag, eine menschliche Beziehung entstanden. Sie hat ihre eigene Geschichte und Würde. Wird sie beendet, so sollte sie achtsam und liebevoll wie eine Medizin *ausgeschlichen* werden dürfen.

In der Parallelbeziehung ist überdies ein dritter Mensch im Spiel mit seinen eigenen Gefühlen, seiner Anhänglichkeit und Leidenschaft. Wir haben es hier, wie die Psychologen sagen, mit einer *triangulären Konstellation*, also mit einer „verdrittelten" Situation, zu tun. Auch die oder der Geliebte leidet unter der bedrückenden Zuspitzung und muss sich vielleicht an den Gedanken gewöhnen, von der heimlichen Liebe Abschied zu nehmen. Auch das macht Trauer.

Die Krise der Außenbeziehung ist nicht im Hauruckverfahren zu lösen und mit einer Schnellreparatur zu flicken. Sie ist ein schwärender, nur langsam heilender Prozess, der eine Vorgeschichte hat und einer Nachbearbeitung von *beiden* bedarf. Wobei ich in unserer Schlachtfeldbesichtigung der Beziehungskrise nicht von einem eher zufälligen, vielleicht durch Alkohol beflügelten One-Night-Stand und damit einmaligem erotischen Ausrutscher ausgehe.

*Natürlich habe ich die Ehe verletzt, als ich mich mit einem sehr lieben Nachbarn in eine Liebesgeschichte verwickelte und mit ihm schlief. Darum habe ich meinen Mann dann auch um Verzeihung gebeten.* So erläuterte mir Susanne, eine Offiziersfrau, jahrelang an einen alkoholabhängigen und autoritären Militär gekettet: *Er hat mir nicht verziehen, bis heute nicht. Was ich ihm nicht verziehen habe, ist, dass er mich zwang, sofort mit dem Mann zu brechen. Ich durfte nicht ein einziges Gespräch mehr mit ihm führen. Leider habe ich mich diesem Befehl gebeugt. Ich schäme mich noch heute meinem damaligen Liebsten gegenüber, den ich nicht vergessen kann. Er hatte diesen formlosen Abschied von mir nicht verdient und ich auch nicht.*

Trauer, aber auch Wut müssen gelebt werden dürfen, wenn ein Beziehungsdreieck die eheliche Dyade (Zweierbeziehung) plötzlich sprengt. Dies ist umso wichtiger, als wir für diese Krise keine Rituale, Sprachregelungen und Lösungsrepertoires besitzen. Eine *Menage à trois* oder eine *Menage á quatre*, wie sie Jean-Paul Sartre und Simone de Beauvoir viele Jahre praktizierten, ist hierzulande nach wie vor mit moralischen Tabus belegt. Hier neigen wir eher zum Fundamentalismus: Alles oder nichts – entweder wir töten umgehend die Außenbeziehung oder die Ehe. Der langweilige Schneckengang der ehelichen Beziehung steht dann überhaupt nicht mehr zur Diskussion. Vergessen ist die Beobachtung des skandinavischen Dramatikers August Strindberg, der da diagnostizierte: *Manche Ehe ist ein Todesurteil, das jahrelang vollstreckt wird.*

Die Trauer sollte es denn auch dem Paar verbieten, über das Geschehene insgesamt unangemessen zu sprechen, auch wenn selbstverständlich Gefühlsausbrüche mit ihren Zuspitzungen unvermeidlich sind und ihren Platz bei der emotionalen Klärung haben. Unangemessen sind, worauf Hans Jellouschek (in *Warum hast du mir das angetan? Untreue als Chance*) hinweist, moralisierende, bagatellisierende, pathologisierende und rein funktionalisierende Beschreibungen der Krise. Was heißt das?

Zur moralisierenden Argumentation und Deskription neigt in der Regel der oder die „Betrogene“. Er stellt sich als ausschließliches Opfer dar und hat seiner selbstgerechten Ansicht nach keinerlei Anteil an der Ehekrise. Das ist das Rollenspiel *Die Schöne und das Biest* oder *Der Edle und die Schlampe*. Meist wird dabei, im Doppelpack, auch noch der oder die Geliebte als *Strolch* und *Flittchen* abgewertet. Was das für eine Kränkung für den Verliebten darstellt, liegt auf der Hand.

Moralisierende Beschreibungen verfolgen, bewusst oder unbewusst, meist die Tendenz, eine, wie der Mediziner sagen würde, *restitutio ad integrum*, also eine *Wiederherstellung des Zustandes vor* der Dreiecksbeziehung zu schaffen. Der Ankläger will sozusagen den kritischen Vorfall ungeschehen machen. Das geht jedoch nicht. Er ist nun einmal passiert. Er verrät viel über die aus dem Gleichgewicht geratene Ehe.

Wie oft erlebe ich es, dass ein *Betrogener* zu mir mit dem Wunsch in die Beratung kommt, ich möge dem Partner moralisch die Leviten lesen, um schleunigst den alten Zustand vor der Außenbeziehung wiederherzustellen, ohne dass Wesentliches in der Beziehung geändert wird. Die Aufforderung, dem Partner als Sündenbock die Leviten zu lesen, macht mich dann eher bockig. Ich reagiere mit dem, was man in der Psychotherapie eine *paradoxe Intervention* nennt. „*Dein Partner*", sage ich, „*müsste für seine Außenbeziehung eigentlich das Bundesverdienstkreuz bekommen.*" „*Warum das?*" lautet dann die erstaunte Gegenfrage. „*Weil*", antworte ich, „*damit endlich euer alter Saftladen in Frage gestellt wird!*"

Das ist natürlich übertrieben, aber wirksam. Ich werde den Teufel tun, den „treuen" Partner aus der Haftpflicht zu entlassen, der mir seine hochmoralische Entrüstung, wie ein Hund sein Stöckchen, vor die Füße legt. Wer in dieser Situation die Moral für sich pachtet und rein formal auf dem Ausschließlichkeitsanspruch der Ehe insistiert, der verbaut sich selbst die Möglichkeit, *seinen* Anteil an der Beziehungskrise und damit die Chancen einer Entwicklung wahrzunehmen. Einen anderen zum Sündenbock zu machen, bedeutet immer, eigene Verantwortung zu delegieren.

Aber ich falle ebenso energisch dem „Täter“ ins Wort, wenn er oder sie versucht, den Sachverhalt der außerhäusigen Liebe zu bagatellisieren. Mit Worten wie *Das ist doch nicht so schlimm* oder *Das ist nur sexuell.* Damit soll die Krise semantisch weggezaubert, das heißt, verbal bis zur Unkenntlichkeit abgeschwächt werden. Das aber wird weder dem Geschehen noch allen drei in den Konflikt Verwickelten gerecht. Was sollte denn bedrohlicher, existenzieller und schmerzhafter sein, als der Ausbruch aus der Intimität und Exklusivität der Beziehung?

Wo bleibt die Trauer und die Eigenbesinnung, wenn „Täter“ und „Opfer“ in eine pathologisierende Beschreibung flüchten. Da sagt die verletzte Frau zu ihrem fremdgängerischen Mann: *Du bist doch krank mit deiner Sexsucht. Du musst zum Therapeuten. Sonst kannst du unsere Ehe gleich abschreiben!* Der derart als psychopathische Persönlichkeit etikettierte Mann erwidert wütend: *Du bist ja total frigide. Wegen deiner schweren Persönlichkeitsstörung habe ich mir ja überhaupt bei meiner Kollegin sexuelle Entlastung gesucht. Du bist ja sowas von krank!*

Manche Partner, vor allem aus dem intellektuellen, psychologisch geschulten Milieu, neigen wiederum zu einer rein funktionalisierenden Beschreibung. Sie haben damit zunächst einmal gar nicht so Unrecht. Da begründet etwa der Mann seine erotische Außenunternehmung damit, er habe damit letztlich nur die Ehe stabilisieren wollen. Denn die Frau zeige sich sexuell verweigernd. Da er aber seine Frau liebe, hole er sich die Sexualität auf eigene Kosten, kompensiere damit den ehelichen Mangel und gewährleiste so langfristig das eheliche Gleichgewicht. Alles paletti, noch Fragen? Auch wenn hier die tatsächliche Beziehungsdynamik durchaus richtig wiedergegeben wird, bedeutet diese gleichsam kühltechnische Beschreibung den Verzicht des Mannes auf die Verantwortung für sein Tun und die Feigheit zur Auseinandersetzung.

Fast zynisch wird hier der Eindruck einer gesetzlichen Notwendigkeit der Dreiecksbeziehung suggeriert. Warum muss eigentlich am Lauf der Dinge etwas geändert werden? Der Not des Partners und der eigenen inneren Labilität wird mit kalter Logik begegnet. Wie sagte doch ein Mann in meiner Sprechstunde mit lässig wippenden Knien zu seiner verweinten Partnerin: *Du kannst dir doch auch einen Lover nehmen. Ich habe nichts dagegen.*

Sind Dreiecksbeziehungen auf die Dauer lebensfähig? Es müssen schon besondere Voraussetzungen und eine hohe emotionale und intellektuelle Stabilität eines Paares vorliegen, wenn es zu einer *offenen Ehe* auf Dauer befähigt sein soll. So einen ungewöhnlichen Fall stellen die „Dreieckspioniere" Hella, Walter und Heinz dar. Hella schreibt mir: *Ja, ich liebe zwei Männer. Walter, meinen Ehemann, Heinz meinen Freund und Geliebten. Ich liebe jeden auf eine andere Art.*

Was mag das bedeuten? Hella: *Mit Walter, wir sind dreißig Jahre verheiratet, fühle ich mich kameradschaftlich verbunden. Ich mag seine jungenhafte Unbekümmertheit, seine Geduld, seine Toleranz, auch meiner Außenbeziehung gegenüber. Viel zu früh – beide knapp einundzwanzig – waren wir zum Standesamt gegangen. Unsere Schwierigkeiten waren damit vorprogrammiert. Walter kam aus einem konservativen, gut katholischen Elternhaus; ich wuchs als Einzelkind auf. Mein Vater war Alkoholiker, meine Mutter war chronisch krank.*

Wie sieht so eine Ehe zwischen zwei „Kindern“ aus? *Walter hatte berufliche und zwischenmenschliche Probleme. Ich tat alles, um ihm zu helfen. Ich sprach mit Arbeitgebern, Sozialarbeitern. Ich schlug ihm, vergeblich, (Paar-)Therapie vor. Von Anfang an verklemmt und an Körpernähe wenig interessiert, verbrachte Walter seine freie Zeit zunehmend vor dem Fernseher und Computer. Unternehmungen, Gespräche, waren die Seltenheit. Ich hatte immer weniger Lust, ihn zu motivieren.*

Hella tat das, was viele Frauen in einer solch frustrierenden Situation machen: *Ich litt unsäglich und versuchte lange, meinen emotionalen Hunger wegzudrücken bzw. zu kompensieren. Ich stürzte mich in die Arbeit, las viel, holte Schulabschlüsse nach. Es nützte nichts, mein Körper streikte: chronische Magen-Darmbeschwerden, Schlaflosigkeit, Erschöpfungszustände etc. Inzwischen, fünfundzwanzig Jahre verheiratet, war ich psychisch-physisch ziemlich am Ende. Hinzu kam noch, dass mein Vater zum Schwerstpflegefall geworden, meine Mutter ebenfalls im Heim untergebracht war. Für beide da zu sein und Zuversicht und Halt zu vermitteln, ging über meine Kräfte.*

Was tut eine Frau in einer solchen Situation? Sie geht zum Arzt. Was tut der Arzt? Er rät zur Entspannung. Was tut die Frau? Sie geht zum Schwimmen. Das bringt alles nichts.

In der Sauna lernt Hella Heinz kennen *und mit ihm Wärme und Geborgenheit.* Auch hier steht, wie bei fast allen Außenbeziehungen, erst einmal das Reden im Vordergrund: *Wir führten lange Gespräche. Auch er hatte in der letzten Zeit seiner Ehe, inzwischen ist er Witwer, wenig Zärtlichkeit und positive Emotionen erfahren.* Die Außenliebe wird zum Entzücken: *Diese Beziehung war und ist nun eine enorme Bereicherung für uns. Wir mögen uns riechen, fühlen, schmecken und verbringen viel Zeit miteinander; wir kochen, backen, wandern.*

Dabei idealisiert die erfahrene Hella sich und den Geliebten nicht: *Natürlich gibt es auch zwischen uns mal Spannungen, dass die Fetzen fliegen. Doch ich finde, das gehört dazu, wenn beide zum Lernen und Neuanfang bereit sind.*

Wie immer stand auch hier die explosive Frage im Raum, wie der Ehemann das Glück der Liebenden aufnehmen würde. Noch immer haust ja in vielen Männerhirnen die atavistische Vorstellung, dass es die größte Schande im Leben eines Mannes ist, *Hörner* aufgesetzt zu bekommen. Hella: *Anfangs haben wir uns große Sorgen gemacht, wie Walter mit unserer Beziehung zurechtkommt. Doch Walter scheint irgendwo „erleichtert", dass er von der „Last" meiner emotionalen Ansprüche befreit ist.* Ja, das Wunder ist noch größer: *Beide Männer verstehen sich gut, haben gemeinsam fällige Reparaturen wie Dachsanierung usw. vorgenommen. Voriges Jahr bauten wir alle zusammen eine Sauna.*

Hella leidet nicht mehr. Sie kämpft. Sie tut etwas, was uns allen, gerade im Älterwerden, gut ansteht. Sie bilanziert realistisch Soll und Haben ihrer Beziehung: *Walter ist froh, dass ich ihn nicht verlasse, und ich habe kein schlechtes Gewissen ihm gegenüber. Fünfundzwanzig Jahre habe ich mich um ihn und unsere Beziehung bemüht. Er kann wohl nicht aus seiner Haut heraus und liebt mich auf seine Weise. Ich aber will nicht länger meine (lustvollen) Gefühle verleugnen, nicht mehr emotional verhungern. Inzwischen bin ich einundfünfzig. Auf was soll ich noch warten? Gesundheitlich geht es mir besser. Was mir besonders wichtig geworden ist, ist die Zeit mit mir allein. Zeit zum Lesen, Nachdenken, Nichtstun, Musik hören, Malen.*

Hella möchte mit ihrer Geschichte anderen

Menschen *Mut machen*, festgefahrene Gleise zu verlassen und offen für andere Lebensformen zu sein. Ihr Brief endet mit den Worten: *Wenn ich zurückdenke, tue ich es ohne Groll. Wir haben es alle nicht besser gewusst und nach unseren damaligen Möglichkeiten und Erkenntnissen gehandelt. Allein das Heute und Jetzt ist wichtig. Unsere Dreiecksgeschichte dauert nun schon über fünf Jahre, und es geht uns allen gut.*

Tatsächlich braucht es zur Durcharbeitung einer Außenbeziehung, wie Hans Jellouschek fordert, eine *entwicklungsorientierte Beschreibung*. Das Paar sollte sich der Frage stellen: *Wozu wird diese Krise einmal gut gewesen sein?* Das geht nicht ohne gründlichste, schonungsloseste, schmerzhafteste, aber auch befreiendste Inventur ab. Das sehen wir uns im nächsten Kapitel an.

Trauer ist unabdingbar in diesem Prozess der individuellen und beiderseitigen Selbstfindung und Neuorientierung. Der Schreck steckt noch in den Knochen. Das Ganze will begriffen sein. Hierbei ist Realismus statt Moralinsäure angebracht. Auch die erotischen Attraktionen, Spannungen und Verführungen gehören zum Inventar unserer Seele. Wer könnte versprechen, dass er sich in den Jahrzehnten einer Beziehung nicht einmal verliebt? *Vielleicht*, so vertraute mir einmal eine erfahrene, über achtzig Jahre alte Therapeutin am Rande einer Ausbildung lächelnd an, *sollte man das eine oder andere erotische Wunder jenseits der Legalität für sich behalten und nur die destruktive Affäre mit dem Partner gemeinsam bewältigen.*

Die konfliktfreie Beziehung eines harmonisch flutenden Eros ist, das wissen wir mehr oder weniger alle, eine romantische Illusion. Warum sollten nicht die Konflikte, und damit auch die Irritation durch eine Nebenbeziehung, erhellend, provozierend und schöpferisch verändernd sein? Ist es möglich und überhaupt erstrebenswert, den wilden Eros lebenslänglich in einen engen Vogelkäfig zu sperren? Fragen über Fragen.

Der Schweizer Paartherapeut Jürg Willi weist in seinem Paarbuch *Koevolution. Die Kunst des Wachsens* auf die Buntscheckigkeit und Kreativität unserer so schwer zu domistizierenden libidinösen Energien unmissverständlich deutlich hin:

*Die wenigsten Menschen richten ihre erotischen*

*Strebungen länger dauernd ausschließlich auf eine Person. Die erotischen Beziehungen zu verschiedenen Personen sind vielfältig und unterschiedlich und brauchen die erotische Qualität der Lebensgemeinschaft nicht zu beeinträchtigen, ja, können sie im Gegenteil oft erhöhen. Die Offenbarung und „Klärung" aller Geheimnisse droht, das Leben flach und eindimensional zu machen und ihnen den Reichtum der Komplexität, des Fantastischen und Unauslotbaren zu rauben. So bleibt insbesondere die erotische Beziehung zum Lebenspartner auch bei äußerer Stabilität innerlich meist fluktuierend in Nähe und Distanz, Zuwendung und Abwendung, Offenheit und Geheimnis, in Intensität und Abziehen der erotischen Strebungen auf andere Beziehungen. All diese Wechsel sind ein Teil des gemeinsamen Lebens und gehören zum Wechsel von Glück und Verletztheit. Höhepunkte und Tiefen sind Teile des gemeinsamen Lebens.*

Wie oft sagen mir Paare am Ende ihrer Krisentherapie nach dem *Urknall*: *Wir hätten nie gedacht, wie schwierig Beziehung ist.* Der Dichter Bert Brecht befand: *Liebe ist eine Produktion.* Das stimmt. Sie ist Arbeit. Knochenarbeit. Und sie führt auch durch Enttäuschung, Wut und Trauer.

# Inventur

*Unter den Teppich kehren und zur Tagesordnung übergehen, das wird nichts. Da ist der nächste Seitensprung vorprogrammiert.*

Anna Schoch, Psychotherapeutin
STERN 9/2002

*In der Paartherapie wird man eine sexuelle Außenbeziehung ... bearbeiten. Man wird die Frage stellen, welche bisher vermiedenen Entwicklungen in der Partnerschaft Anlass zum Eingehen einer Außenbeziehung gaben oder was sich in der Partnerbeziehung ändern müsste, um die Außenbeziehung überflüssig zu machen.*

Jürg Willi,
Psychologie der Liebe.
Persönliche Entwicklung durch
Partnerbeziehungen

Es stimmt einfach nicht, dass jede Affäre automatisch das Ende einer Ehe einläutet. Manche Ehe möbelt sie auf. Manche Partner tolerieren sie. Manche gehen wie an einem Gift daran ein. Nicht selten ist die Außenbeziehung auch eine *amour fou*, eine verrückte Liebe, Faszination pur. Generell wirft die Existenz so vieler sexueller Begegnungen außerhalb der Partnerschaft drängende, zum Teil auch unlösbar scheinende Fragen auf.

Ich will das an der in der Außenbeziehung zentralen Frage der Sexualität, an einem einzigen, aber verblüffenden Aspekt, erläutern. Ich stieß auf ihn, als ich in einer Selbsterfahrungsgruppe von Frauen und Männern, die ich regelmäßig im *Dr.-Max-Otto-Bruker-Haus* durchführe, bei den Kleingruppen zur Sexualität gleich drei wesensgleiche anonyme Zettel einsammelte. Bevor sich die vierzehn Teilnehmer nämlich in zwei Gruppen zur intimen und unbefangenen Erörterung ihrer Sexualität aufsplitten, lasse ich jeden, nach einer einführenden Bildmeditation, anhand einer großformatigen erotischen Darstellung in meinem Seminarraum, anonym zwei Fragen als Grundlage der zirkulären Diskussion beantworten: *Wie beurteile ich meine gegenwärtige Sexualität? Was ist meine erotische Sehnsucht?*

Auf den ersten beiden Zetteln mit jeweils weiblicher Handschrift stand für die Bewertung der eigenen Sexualität *befriedigend*. Die erste Frau stellte die Frage: *Wie gelangt man zu echt tiefer Begegnung und Nähe in der Sexualität?* Sie notierte knapp: *Lust auf Außenbeziehung*. Die zweite Schreiberin fragte: *Darf ich in und während meiner langjährigen Beziehung auch einmal eine Außenbeziehung haben? Ist das „Fremdgehen" eine Anregung, eine Störung, das Ende?* Auf dem dritten Zettel registrierte ein in seiner Handschrift unverkennbar männlicher Teilnehmer zwei Arten seiner Sexualität: *Frustrierend mit meiner Frau. Wunderbar in der Außenbeziehung*. Als Wunsch bekannte er: *Ich möchte Ekstase leben und erleben.*

Umgekehrt erfahre ich aber immer wieder, dass Frauen wie Männer, im Gegensatz zur Sehnsucht nach der lustvollen Ekstase in fremder und wilder Beziehung, eine Art *Kuschelsex* der teddybärhaften Verbundenheit favorisieren. Manchmal erlebe ich sogar beide Wünsche beim gleichen Paar. Ich habe lange über diese Gegensätzlichkeit gerätselt, bis ich bei Jürg Willi auf eine spannende Erklärung dieses Phänomens gestoßen bin. In seinem Werk *Psychologie der Liebe. Persönliche Entwicklung durch Partnerbeziehungen* unterscheidet der Mediziner und Psychoanalytiker eine *Sexualität der Lust* von der *Sexualität der Zugehörigkeit*.

Hören wir den Autor selbst: *Wie stehen Liebe und Sexualität zueinander? Bald finden sie ineinander die höchste Erfüllung, bald stören und zerstören sie einander. Sexualität hat einen Doppelaspekt. Wir können unterscheiden zwischen der Sexualität der Lust und der Sexualität der Zugehörigkeit. Die Sexualität der Lust strebt nach intensivster Steigerung der Lust durch Verführung, Eroberung, Herausforderung und Überraschung bis zum Kampf, Hass und Erniedrigung. Die Sexualität der Zugehörigkeit strebt nach Harmonie, Vertrautheit und Einswerden.*

Wie soll man mit dieser Spannung umgehen? Jürg Willi weigert sich mit Recht, eine Lösung anzugeben. Wir müssen mit dieser Spannung leben und für uns selbst eine Antwort finden: *Die Integration dieser zwei Beziehungsmodi in einer Liebesbeziehung ist oft schwierig. Ein Lösungsversuch wäre das Nebeneinander von Ehebeziehung und sexuellen Außenbeziehungen. Dieser ist mit dem heutigen Leitbild der Liebesehe kaum vereinbar. Ein Kompromiss wird oft im Ausleben von Außenbeziehungen in der Fantasie gefunden.*

Liebe und Sexualität sind bald deckungsgleich, bald Gegensätze. Sie können größtes Glück und schlimmstes Leid bringen. Wir alle kennen das, was Willi die *Sexualität der Lust* nennt. Sie wird in der Umkleidekabine oder auf dem Rücksitz eines Autos, am Meeresstrand oder im Stehen als *Quickie* praktiziert. Die *Sexualität der Lust* ist nach Willi weniger auf die Personalität des Sexualobjekts ausgerichtet. Sie ist gleichsam geschichtslos, spontan, ejakulativ hervorschießend: *Die sexuelle Lust (...) hat Qualitäten des Spiels, des Tanzes und des Kampfes. (...) Sexuelle Lust lässt sich oftmals steigern in der Anonymität, mit Personen, die man nicht kennt, die man nicht liebt ... Der „ungefilterte" männliche Modus sexueller Verführung ist ein eindringender: die geliebte Person erobern, sie gefügig machen, sich ihrer bemächtigen und sie unterwerfen. Der weibliche ist ein kaptativer* (fesselnder – M. J.): *Begehrt werden, die geliebte Person anziehen, verführen, um den Ver-*

*stand bringen, zu Tollkühnheiten herausfordern, ins Garn locken, fangen und festhalten.*

Während die *Sexualität der Lust* von der Aufregung, Spannung und Überraschung lebt, bedeutet nach Willi die *Sexualität der Zugehörigkeit* ein Gleichklang der Schwingungen, die Erfahrung von Harmonie: *Sie ist die Erfüllung der Sehnsucht nach bedingungslosem Aufgehobensein in der Liebe, ein bestärkendes Ritual von Vertrautheit, Vertrauen und Treue. Die Sexualität der Zugehörigkeit meint den Partner als einmalige Person ... Die sexuelle Vereinigung bestärkt die Liebe und die Idealisierung des Partners. Die sexuelle Zugehörigkeit schließt den Partner ganz und exklusiv ein und möchte Ausdruck der ewigen Vereinigung sein.*

Vorläufiges Fazit nach Willi: *Das Problem der Vereinbarkeit der Sexualität der Lust und jener Dazugehörigkeit bleibt bestehen ... Man kann ... die vierundsechzig Stellungen des Kamasutras durchexerzieren, man kann Kurse in tantrischer Sexualität mitmachen, man kann miteinander einen Swinger-Klub besuchen – der Neuigkeitswert bleibt auf Dauer beschränkt, und alle Initiative droht ins Angestrengte, Künstliche und Aufgesetzte abzugleiten. Eine voll umfänglich überzeugende Lösung des Problems bietet sich nicht an.*

Auch wenn wir Therapeuten den Paaren immer wieder raten, durch einen getrennten Urlaub, eine fremde Umgebung oder Trennung der Wohnung in einen weiblichen und einen männlichen Lebensbereich, stimulierende Bedingungen für Erregung und anziehende Fremdheit zwischen den Geschlechtern zu schaffen, so wissen wir doch um die Begrenztheit dieser – durchaus wichtigen und unerlässlichen – Bemühungen.

Warum habe ich das so ausführlich dargestellt? Mir scheint, bereits dieses einzige Beispiel der Spannung und Widersprüchlichkeit zwischen Liebe und Sexualität belegt die Notwendigkeit, spätestens in der Krise eine *Beziehungsinventur* vorzunehmen. Wohlgemerkt, das gilt nicht nur für den Fall der Außenbeziehung. Das gilt bei allen Anzeichen einer Verwahrlosung der Liebe. Wenn eine Beziehung mich krankzumachen droht, wenn sie meine persönliche Weiterentwicklung lähmt, wenn der Alltag zum permanenten Leiden unter einer Glasglocke eisigen Schweigens und kränkender Bemerkungen wird, dann wird es dringend Zeit, die faule Beziehung zu besichtigen und durch eine Fülle neuer Liebesverträge

Licht und Luft in das miefige Ehegebäude einziehen zu lassen.

Das Kostbarste an einer Krise durch Seitenbeziehung scheint mir die Fülle der Fragen, die sie aufwirft. Solltest du, liebe Leserin, lieber Leser, an einem kritischen Punkt einer Beziehung angelangt sein – vielleicht träumst du gelegentlich schon von der Prinzessin, von dem Prinzen, der durch dein Schlafzimmerfenster steigt –, dann arbeite die Fragen im Folgenden, allein oder mit deinem Partner, Punkt für Punkt durch.

In welchem Lebenszyklus hat uns die Krise erreicht? Stehen wir in der ersten großen Belastung der Beziehung durch die Anforderungen unserer Kleinkinder? Killen sie unsere Freizeit als Paar?

Ist die Überarbeitung ein Feind unserer Sexualität?

Ist unsere Ehe müde geworden, hat sie sich verschlissen?

Steht nach dem Auszug unserer Kinder eine neue Lebensorientierung an?

Ist ein Machtungleichgewicht eingetreten?

Habe ich als Frau ein berufliches Nachholbedürfnis?

Fühle ich mich unattraktiv?

Bestimmen Süchte unseren Alltag? Fernsehsucht? Zu viel Alkohol? Nikotin? Tabletten? Konsumrausch? Übergewicht als Folge von Essstörungen mit seelischem Hintergrund?

Sind wir in den Lebenszyklus der Pensionierung eingetreten und langweilen uns miteinander? Hocken wir zu viel zusammen? Leisten wir uns keine getrennten Hobbys oder Leidenschaften?

Ist uns jedes ehrenamtliche Engagement fremd? Betreiben wir Nabelschau?

Flüchtet einer von uns in chronische Krankheiten, um sich damit indirekt Zuwendung zu holen?

Stimmt unsere Arbeitsteilung im Haushalt?

Haben wir uns eine Kränkung von früher noch nicht verziehen?

Jedes Paar, so könnte man paradox formulieren, kriegt genau die Krise, die es braucht. Die Krise enthüllt die geheime Wahrheit des Paares, die Sollbruchstelle der Beziehung, das Defizitäre. Darüber sollte das Paar allerdings nicht die Ressourcen, die Quellen seiner Liebesstärke, vergessen. Die kritischen Fragen, die der „Täter", die „Täterin" sich im Folgenden zu stellen hat, sollte auch das weibliche oder männliche „Opfer" auf sich beziehen und sich und dem anderen dazu Fragen stellen

Was ist der grundsätzliche Mangel unserer Beziehung? Worunter leide ich am meisten? Was macht mich traurig, was macht mich wütend?

Welches Glück realisiere ich in der Außenbeziehung, das ich in der Innenbeziehung nicht bekomme oder nicht nehme? Zärtlichkeit? Leichtigkeit? Witz? Reden? Austausch von Gefühlen? Pflege gemeinsamer Interessen?

Ein Mann, der das Glück mit einer fünfzehn Jahre älteren Kollegin in einer, wie er sagte, *berauschenden Love-affair* gefunden hatte, konfrontierte in der Paartherapie seine Ehefrau mit dem beziehungsmäßigen Krebsbefund: *Ich weiß nicht, wann ich das letzte Mal mit dir gelacht habe.*

Welches Ungleichgewicht in der Ehe will ich mit meiner Außenbeziehung austarieren? Will ich meinem kontrollierenden Partner entkommen? Will ich meinem dominanten Partner mit meiner erotischen Trotzreaktion Selbstständigkeit demonstrieren?

Ist mein Beziehungskonto überzogen – will ich endlich einmal nehmen, statt immer nur zu geben? Bin ich es satt, dir Pascha ständig zu willen zu sein? Genieße ich es, bei meinem Freund einmal der Mittelpunkt zu sein? Wird hier endlich meine Klugheit und Schönheit gewürdigt, während ich von dir nur Abwertungen höre?

Bedeutet die Außenbeziehung eine Suche nach mir selbst? Habe ich entdeckt, dass ich nicht nur eine biedere Ehefrau, ein braver Ehemann bin, sondern eigentlich ein ganz aufregender Mensch voller Können, Neugier und spannenden Interessen? Bestätigt mich mein Geliebter, meine Geliebte in meinen spirituellen, musischen, politischen oder sportlichen Neigungen? Gibt er oder sie mir endlich das Gefühl, eine wertvolle Persönlichkeit zu sein?

Möchte ich dem dumpfbackigen Milieu unserer Ehe entfliehen? Prägt sie geistig überhaupt noch? Spiegelt mir der/die Geliebte Facetten meiner Individualität, die ich in unserer Beziehung vernachlässigt habe? Lasse ich mir von dir meinen Entfaltungsreichtum unterdrücken?

Wiederhole ich in der Ehe meine alten Eltern-Kind-Beziehungssituationen? Meine Mutter-Fixierung? Meine Unterwerfungsrituale gegenüber dem allmächtigen Vater? Entkomme ich in meiner Außenbeziehung erstmals meinen unseligen Wiederholungszwängen?

Genieße ich zum ersten Mal meine eigene Lebendigkeit und Unternehmungslust? Rackere ich mich, wie damals als Tochter gegenüber meinem Vater, an der Dumpfheit meines Mannes ab?

Bin ich erstmals aus meiner männlichen Helferrolle in der Ehe ausgetreten? War sie mir als kleinem Jungen gegenüber meiner erpressenden Mutter bereits in Fleisch und Blut übergegangen?

Warum habe ich mich so viele Jahre selbst verraten? Warum habe ich Angst vor einer Auseinandersetzung? Warum will ich immer das liebe Mädchen, der brave Junge sein?

Warum habe ich Angst, wenn ich einmal auf den Tisch haue, verlassen zu werden? Woher kenne ich das?

Warum habe ich dich überhaupt geheiratet? Um von dir als einer Art zweiten Mama wie ein Säugling gewickelt und gefüttert zu werden? Jetzt hängt es mir zum Halse heraus, weil ich inzwischen erwachsener geworden bin! Habe ich als Muttersohn aus dir die Mama gemacht, der ich offiziell zu gehorchen habe, und vor der ich inoffiziell nach Art kleiner Jungen meine Geheimnisse habe, jetzt meine chronische Fremdgängerei?

Habe ich als Vatertochter, die ich immer noch im Bannkreis dieses ersten Mannes in meinem Leben agiere, einseitig die männliche Rolle übernommen, werte damit meine Weiblichkeit ab und fruste mit meiner penetranten Hosenrolle dich als Mann?

Habe ich dich so weit kleingemacht, dass du mich als Waschlappen nicht mehr interessiert hast und ich mir einen Macho aufgerissen habe?

Bin ich, umgekehrt, unter deinem patriarchalen Druck immer ein kleines Mädchen geblieben und eine graue Maus und entdecke mich jetzt bei meinem Freund, der mich anbetet, als starke, begehrenswerte Frau?

Lebe ich in meiner Außenbeziehung zum ersten Mal überhaupt eine erwachsene Liebesbeziehung? War ich immer nur der liebe Schwiegersohn?

Wurde ich mit meiner „Kinderheirat" im Alter von knapp über zwanzig Jahren schon Mutter, bevor ich überhaupt Frau sein durfte? Habe ich emotionale und erotische Erfahrungen mit anderen Männern versäumt und hole sie jetzt nach?

Habe ich mich als Mann immer nur in die berufliche und familiäre Pflicht nehmen lassen und habe jetzt endlich meinen erotischen Marktwert und meine Freiheit entdeckt?

Erstickt mich unsere Beziehung?

Warum bin ich in den Beruf geflüchtet?

Warum habe ich mich als Frau hinter den Kindern versteckt?

Warum lassen wir nichts Neues in unserem Leben zu?

Warum habe ich keine eigenen Freunde mehr?

Warum beschütze ich meinen Partner nur, anstatt auch etwas von ihm zu verlangen? Hat mich genau das in meine Liebesgeschichte geführt?

Warum bettele ich um Sexualität, anstatt sie selbstbewusst einzufordern?

Warum bin ich oder bist du so lange in Krankheiten geflüchtet?

Was haben wir alles unter den Teppich gekehrt?

Warum streiten wir uns nie? Warum streiten wir uns ständig?

Warum lasse ich nicht mehr den Gedanken zu, auch ohne meinen Partner leben zu können?

Habe ich mich mit meiner Außenbeziehung dir gegenüber gerächt? Wofür? Wie sieht es mit unserem Machtkampf aus?

Ging es mir um den Reiz des Verbotenen und das Bewahren einer geheimen Ecke in meinem Herzen? Warum?

Habe ich mit dir keine Abgrenzung erlebt? Fehlt mir, umgekehrt, die Intimität mit dir?

Gibt es wesentliche Bereiche in unserer Beziehung, über die wir uneinig sind? Kämpfen wir gegeneinander?

Kann sich jeder von uns beiden in und durch die Beziehung auch verwirklichen? Hat jeder von uns seinen Lebenssinn gefunden?

Haben meine und deine Sehnsucht in unserer Beziehung einen Platz?

Habe nur ich Fluchtfantasien, die ich in meiner Nebenbeziehung ein Stück realisiert habe? Wie steht es bei dir?

Was war das ursprüngliche Ziel unserer Beziehung? Was war unser Paarmythos, unsere Paarutopie?

Gibt es noch ein gemeinsames Ziel, das sich lohnt? Müssen wir Altvertrautes loslassen und betrauern? Müssen wir uns neu kennen lernen?

Gerade in der Beziehungskrise offenbaren sich, wie die Transaktionsanalyse sagt, unsere *skripts*, die alten, in der Kindheit geschriebenen Drehbücher unseres Lebens. Die Prägung des Kind-Ichs durch die Eltern, die verborgenen Glaubenssätze, charakterliche Stabilisatoren, aber auch Bannbotschaften und unbarmherzige innere „Antreiber“. Deswegen setzt hier auch die Seelenarbeit an. Wir haben die einmalige Chance, in die Tiefe unserer Persönlichkeitswerdung hinabzuspähen.

Was hat mir meine Mutter positiv als Lebensausstattung mitgegeben? Wie wirkt sich das auf meine heutige Wesensart aus? Welche Bedürfnisse hat sie nicht gesättigt, ignoriert oder abgewertet? Wie prägt mich das heute als Mann, als Frau?

Wie hat in diesem Sinn mein Vater auf mich gewirkt? Was habe ich bei ihm vermisst? Wie hat es mich geprägt? Was hat er mir an Stärke mitgegeben?

Welche innere Position haben mir meine Geschwister gegeben?

Was habe ich überhaupt von den wichtigen Menschen meines Lebens über die Liebe und die Kunst der Beziehung gelernt? Wie haben sie mein Selbstbild beeinflusst?

Welche Erfahrungen mit Treue und Untreue von Seiten der Erwachsenen hatte ich als Kind? Gab es bei meinen Eltern außereheliche Affären oder eine Scheidung?

Welche Rolle spielen Treuebrüche in meinem Leben, auch in Freundschaften und in der beruflichen Sphäre?

Bin ich selbst eher ein „Treuer" oder ein „Untreuer", der sich rasch verliebt und die Welt als eine Bühne erlebt?

Bin ich vielleicht eher in dem Sinne „treu", dass ich grundsätzlich am Alten festhalte und mich eher gegen das Neue stemme?

Bin ich „untreu" derart, dass ich die Veränderung und die Entwicklung brauche und Liebe?

Der in Heidelberg arbeitende Arzt und Psychotherapeut Victor Chu konstatiert in seinem Buch *Liebe, Treue und Verrat. Von der Schwierigkeit, sich selbst und dem Partner treu zu sein*: *Jeder von uns war schon einmal Verräter und Verratener. Das Thema berührt uns alle.* Chu wehrt sich dagegen, den „Verrat" nur negativ zu definieren: *Verrat kann als Teil eines besonderen Wachstums- oder Entwicklungsprozesses verstanden werden … Wenn wir ihn nur isoliert aus der moralischen Perspektive sehen, übersehen wir den gesamten Entwicklungsablauf und damit auch die Entwicklungschancen für alle Beteiligten, die in diesem Prozess enthalten sind.* Und: *Treue und Verrat erscheinen dann als notwendige Gegensätze im spiralförmigen Prozess der Wandlung. Daraus folgt auch die Einsicht, dass es in menschlichen Beziehungen immer Schuld geben wird, aber auch die Chance zur Versöhnung und Weiterentwicklung.*

Wer treu sein will, muss manchmal auch verraten. *Wer sich selbst treu bleiben will,* sagt Christian Morgenstern einmal (in *Stufen*), *kann nicht immer anderen treu bleiben.*

Die Außenbeziehung ist kein Zufall. Nicht selten erweist sich der Seitensprung als *Sprungbrett zur Trennung;* er ist gleichsam die Generalprobe. Denn jeder von beiden darf sich in dieser Krise auch die Frage stellen: Will ich mit dem alten Partner noch zusammenbleiben? Oder klammere ich nur noch an unserer Beziehung aus Angst vor dem Alleinsein? Oder fürchte ich die Verurteilung der Mitmenschen?

Ein solcher Entscheidungsprozess ist fast immer langwierig und qualvoll. Ich habe in der Beratung noch keine Frau und keinen Mann erlebt, die/der sich den Weggang leicht gemacht hätte. Schließlich haben die Verlassenen meist auch noch ein schwer wiegendes Stück Liebe zum alten Partner in sich. Die Gefühle zum anderen sind nicht über Nacht erloschen. Eine gemeinsame Geschichte bindet, und die Kosenamen liegen noch auf der Zunge.

In meinem Buch *Trennung als Aufbruch* habe ich mit Hilfe von zweihundert Frauen und Männern, die mir geschrieben haben, die Ambivalenz von Trennung untersucht. Sie bedeutet nicht nur Scheitern, sie ist Abschied vom Quälenden, nicht länger mehr Lebbaren: Aufbruch ins Neue, bislang Ungelebte. Trennung ist eine der tapfersten seelischen Leistungen unseres Lebens. Denn sie ist schmerzhaft: Sie ist Amputation bei lebendigem Leib – ohne Narkose.

Wer nach dem Auf und Ab einer Außenbeziehung und den mühsamen ehelichen Klärungsversuchen eine neue Liebe und Lebenswirklichkeit findet (die nicht identisch sein muss mit dem/der Geliebten) und eine langjährige Bindung beendet, der mag Trost in einem Wort des Dichters Theodor Fontane (*Vor dem Sturm*) finden: *Eine Treue kann die andere ausschließen. Wo die Bewährung der einen durch die Verletzung der anderen erkauft werden muss, da wird freilich immer ein bitterer Beigeschmack bleiben; aber gerade der, der diesen Beigeschmack am bittersten empfindet, wird aus den reinsten Beweggründen heraus gehandelt haben.*

Daher wehre ich mich scharf gegen Fremd- und Selbstentwertungen bei Dreiecksbeziehungen. Es verbietet sich jede körperliche Gewalt, aber auch jegliches denunziatorische Verhalten. Es geht nicht an, dass das „Opfer" die Telefonnummer der/des Geliebten herauspresst, um sie/ihn unverzüglich anzurufen und wüst zu beschimpfen. Es ist mehr als bedenklich, Kinder und Schwiegereltern tobsüchtig in das Tribunal einzubeziehen: („Schaut ihn euch an, den Mistkerl! Habt ihr so eine Schlampe schon einmal gesehen!") Selbstmorddrohungen, hysterische Panikreaktionen und Erpressungen („Ich sag es deinem Chef!") und üble Nachrede liegen unter der Gürtellinie. Man macht sich damit selbst klein. Man schlägt so vieles kaputt, was kostbar in der gemeinsamen Liebe gewesen ist.

Aber auch die Selbstabwertung kann ein fürchterliches Gift sein. Ich erinnere mich an Hedwig, eine schlanke, etwa fünfzigjährige Geschäftsfrau in einer meiner Selbsterfahrungsgruppen. Sie führte, von ihrem Mann Martin beschimpft, eine Außenbeziehung mit

Achim. Vor der Gruppe sprach sie hartnäckig von „Ehebruch", „Sünde" und ihrem „unseriösen Lebensstil". Allen Ernstes meinte sie: „Wenn das meine Mutter wüsste, sie würde im Grab rotieren." Die Gruppe versuchte im Folgenden Hedwig von ihrer erniedrigenden Selbstanklage abzubringen.

Ich habe Hedwig gebeten, sich einen Teilnehmer als Schutzengel auszuwählen. Sie wählte eine Frau. Mit ihr zusammen schritt sie die in einem Kreis versammelten Gruppenteilnehmer ab. Ich bat sie, jede Frau und jeden Mann mit dem Vornamen anzusprechen und folgenden Satz zu wagen: *Ich bin eine verheiratete Frau. Ich habe einen Freund. Ich habe die Liebe gefunden.* Hedwig tat dies anfangs nur zögerlich und mit piepsiger Stimme. Fast befürchtete ich, ihre Kraft überschätzt zu haben. Doch jeder, den sie ansprach, beglückwünschte sie, rühmte die Klugheit und Schönheit Hedwigs und ermutigte sie, ihre Liebe zu leben. Da gewann Hedwig, von Person zu Person tretend, eine festere Stimme und fand am Ende, unter dem befreienden Applaus der Gruppe, zu sich selbst. Sie gewann Mut und Stolz.

Wie Hedwig mir später schrieb, dauerte ihre Liebesgeschichte zwei Jahre. Dann hatte sie sich buchstäblich „verbraucht": Es gelang Hedwig, mit ihrem neuen Selbstvertrauen und ohne Angst vor Verlust, mit Martin in die Konfrontation zu gehen. Sie vermochte es, wie sie scherzhaft formulierte, ihm *den Dritten Weltkrieg zu erklären* und die verrottete Beziehung zu entkalken und mit neuer Energie zu füllen. Martin gestand nach der gemeinsamen Überwindung der Krise Hedwig: *Du hast mich mit deinem Kerl schier um den Verstand gebracht. Aber das war notwendig, sonst wäre ich nie aufgewacht.*

In jedem Geschäft wird am Ende des Jahres Inventur gemacht. Man zählt den Bestand, rechnet ab, gewinnt Übersicht und trifft neue Dispositionen. Wo wir vor dieser Inventur zurückscheuen und die Beziehung, so wie sie ist, konservieren wollen, zerstören wir sie. Lebendige Strukturen entwickeln sich ununterbrochen weiter! Schön ist es, wenn wir ohne Leidensdruck immer wieder unsere Beziehung inventarisieren. Oft reagieren wir aber auch nur unter Druck. Das muss keine Katastrophe sein, das ist natürlich. In der Krise der Außenbeziehung und ihrer Bewältigung wird dies nur ganz dramatisch sichtbar. Unterschiede, Differenzen und Streit beleben, klären und entwickeln eine Beziehung. Sie sind die lebenswichtigen Fermente.

Victor Chu formuliert die Dialektik von Ruhe und Bewegung, Gleichheit und Unterschiedlichkeit, Harmonie und Streit mit schöner Prägnanz: *Eine Beziehung ist wie ein lebendiger Muskel: Sie wird umso stärker und belastungsfähiger, je mehr sie beansprucht wird. Eine Beziehung, die durch regelmäßige, offene Kommunikation lebendig gehalten wird, hält auch stärkere Differenzen und Meinungsunterschiede aus. Unterschiede, die man ausspricht und versteht, vertiefen sogar das Verständnis füreinander. Dadurch, dass sich der eine Partner vom anderen unterscheidet, gewinnt er an Farbe, Gestalt, Statur. Er wird nicht nur geliebt, weil er dem anderen in allem ähnlich ist – sonst liebte man ja nur sein Spiegelbild –, sondern weil er eine unverwechselbare Persönlichkeit ist. Diese Unterschiedlichkeit anzuerkennen, bedeutet eine fortwährende, lebenslange Auseinandersetzung mit dem Partner. Man muss sich an ihm reiben, mit ihm streiten können.*

Eine Alternative dazu gibt es nicht. Victor Chu: *Wenn wir aber Angst vor Unterschieden haben, vermeiden wir Differenzen. Wir halten den Mund, auch wenn wir anderer Meinung sind. Dadurch stirbt die Kommunikation langsam ab. Wir „schweigen" unsere Differenzen „tot". Dieses Totschweigen dessen, was uns am Herzen liegt, ist der erste Verrat an der Beziehung.*

Gerade die Außenbeziehung konfrontiert „Täter" und „Opfer" mit der Grundtatsache der Individuation, der letztlichen Einsamkeit des Menschen. Hermann Hesse hat diese „Geworfenheit" des Menschen in einem seiner erschütterndsten Gedichte *Im Nebel* ins Bild gerückt. Es endet mit dem Vierzeiler:

*Seltsam, im Nebel zu wandern!*
*Leben ist einsam sein.*
*Kein Mensch kennt den andern,*
*jeder ist allein.*

Es ist aber auch der gleiche Dichter, der den Menschen als ein geselliges Wesen sieht, in dem das Ich und das Du zusammengehören. Nur in der Begegnung mit dem Du wird aus mir einsamem Wesen ein Ich, das sich widergespiegelt findet, das kommuniziert und sich im gemeinsamen Arbeits- und Liebesprozess entwickelt. Leben heißt Verbundenheit, Mitgefühl im Ensemble von Partnerschaft, Familie, Arbeits- und Staatsgemeinschaft.

Wer die Liebe verweigert, wer sie nicht herstellen oder nicht pflegen kann, der katapultiert sich aus den unabdingbaren Lebenszusammenhängen heraus. Hermann Hesse konstatiert (in *Zarathustras Wiederkehr*): *Es ist Einbildung, dass es keine Brücken zwischen Ich und Du gebe, dass jeder einsam und unverstanden einhergehe. Im Gegenteil, das, was die Menschen gemeinsam haben, ist viel mehr und wichtiger, als was jeder Einzelne für sich hat und wodurch er sich von den anderen unterscheidet.*

# Schattenarbeit

*Die Liebe kann wie das Feuer nicht ohne beständiges Anfachen bestehen, und sie stirbt, sobald sie zu hoffen oder zu fürchten aufhört.*

La Rochefoucauld, *Reflexionen*

Krisen sind Entwicklungschancen. In der Inventarisierung der Beziehung macht ein Paar, das vom aufrichtigen Willen zur Diagnose und Therapie beseelt ist, wichtige Erkenntnisse: Warum haben wir geheiratet? Warum habe ich als Lebenstüchtige dich Antriebslosen erwählt? Warum habe ich Warmherzige dich Distanzierten gesucht? Warum habe ich Sanftmütige mich mit einem Aggressiven gepaart? Was hat mich Helferpersönlichkeit die Verbindung mit einem Egoisten eingehen lassen? Was brachte mich farbige, hysterisch inszenierende Persönlichkeit in die knirschende Koalition mit einem Zwanghaften?

MEIN THERAPEUT SAGT, ICH HÄTTE EINE MUTTER-FIXIERUNG.
DER SPINNT DOCH-ODER?

War es vielleicht eine Art *emotionaler Arbeitsteilung* in unserer Beziehung? Weil du aggressiv bist, brauche ich die Streitfähigkeit nicht zu lernen. Weil du sanftmütig bist, kann ich meine Weichheit verkümmern lassen. Weil du so tüchtig bist, kann ich mit meiner Antriebslosigkeit weiterleben. Weil du auf alle Menschen zugehst, darf ich schizoid meinen seelischen Eispalast behausen. Weil du so farbig bist, darf ich eine graue Maus und ein Zwangscharakter bleiben …

So leben wir beide bis an unser unseliges Ende mit unseren Verdrängungen. Jeder sieht am anderen das, was er in sich selbst unterdrückt – und kann wie ein Don Quijote gegen Windmühlen ankämpfen, sein Leben lang. Wie eine Litanei beten wir dem Partner unsere gegenseitigen Vorwürfe herunter: *Du bist so aggressiv. Du bist so verschlossen. Du bist so stur. Du hast so ein mörderisches Tempo drauf. Du gebrauchst immer nur deine Ellenbogen.* Umgekehrt: *Du bist so konfliktscheu. Du bist übergriffig. Du kannst dich nicht abgrenzen. Du bist so unzuverlässig. Du bist lahm und entschlusslos.*

Worum geht es bei dieser Auseinandersetzung, in der, wenn man so will, jeder Recht und Unrecht zugleich hat, in der Tiefe eigentlich? Es geht, so würde der große Schweizer Arzt und Psychoanalytiker Carl Gustav Jung gesagt haben, um unseren *Schatten.* Was besagt dieser Begriff?

*Der Schatten,* sagt Jung, *ist das, was ein Mensch nicht sein möchte.* Kritisch gewürdigt ist mein Schatten das Negative, das Abgespaltene meiner Identität, er stellt meine dunkle, *zweite Persönlichkeit* dar. C. G. Jung (in *Gesammelte Werke 11 § 131*): *Jedermann ist gefolgt von einem Schatten, und je weniger dieser im bewussten Leben des Individuums verkörpert ist, umso schwärzer und dichter ist er. Wenn eine Minderwertigkeit bewusst ist, hat man immer die Chance, sie zu korrigieren …, aber wenn sie verdrängt und aus dem Bewusstsein isoliert ist, wird sie niemals korrigiert. Es besteht dann überdies die Gefahr, dass in einem Augenblick der Unachtsamkeit das Verdrängte plötzlich ausbricht. Auf alle Fälle bildet es ein unbewusstes Hindernis, das die bestgemeinten Versuche zum Scheitern bringt.*

Übertrieben formuliert steckt in jedem von uns ein *Dr. Jekyll* und ein *Mr. Hyde,* eine Außenpersönlichkeit für den Umgang mit der Welt und ein geheimes nächtliches Ich. Es macht nach C. G. Jung keinen Sinn, diesen Schatten zu leugnen. Er existiert. Ich bin nicht nur edel, hilfreich und gut. Ich bin auch lüstern, schäbig, kleinkariert, treulos, lügenhaft, egoistisch, auf meinen Vorteil bedacht, hinterhältig, stur, unzuverlässig, gefühlskalt, sentimental verfließend, aggressiv, zögerlich, lebensuntüchtig, humorlos, arbeitssüchtig, brennend ehrgeizig, mimosenhaft, depressiv, hysterisch, ungebildet, auf Geld versessen, roh, primitiv, weinerlich. Einige dieser Attribute treffen mit Sicherheit auf mich zu. Nichts fürchte ich mehr als meinen Schatten. Er stellt meine Selbstidealisierung in Frage.

Tatsächlich, und das ist die positive Seite, stellt der Schatten aber auch eine in meinem bewussten Leben noch nicht realisierte Möglichkeit dar. Es *gibt* ungelebte Seiten in mir. Der Schatten ist ein lebendiger Teil meiner Persönlichkeit, der, so C. G. Jung, *darum in irgendeiner Form mitleben* will.

Die Ehe ist ein einziges Schattentheater: Jeder trägt gleichsam den Schatten des anderen. Du hast Potenzen, die ich selbst verdränge und die meine Persönlichkeit abrunden würden. Ich habe Aspekte reichen innerlichen

Seins, die du abwerten musst, weil du sie nicht lebst, sie aber wohl als Möglichkeit und Pflänzlein in dir trägst.

Wie erkennt man bei der Inventur der Beziehung die negativen Seiten des eigenen Schattens? Wir sehen ja alle sofort den Splitter im Auge des anderen, aber den Balken im eigenen Auge übersehen wir, wie es im Neuen Testament schon heißt. Genau darin liegt die Antwort – fragen wir doch unseren Partner. Noch einfacher: Nehmen wir seine *Vorwürfe* ernst.

Oft ist die Außenbeziehung eine implizite Antwort auf die jahrelangen Vorwürfe des Partners. Wie das? Eines Tages saßen Julian und Mechthild vor mir. Sie waren beide flott gekleidet und lebendig. Besonders Julian beeindruckte mich mit seinem *postmodernen Outfit* und für einen Mann ungewöhnlichen Chic. Er war rank und schlank und ein erotischer Appetithappen, den so manche Frau gern als Gabelfrühstück vernascht hätte. Das war nicht immer so gewesen, wie ich erfuhr. Viele Jahre war Julian übergewichtig, ein graugesichtiger Kettenraucher, zu viel Alkohol konsumierend, allein mit seinem Beruf als Messgerätetechniker verheiratet. Er war eher düsterer Natur, was mit seinen biografischen Ursprüngen als vernachlässigtem Kind, einem Minderwertigkeitskomplex und Ängsten vor dem weiblichen Geschlecht zusammenhing. Erst mit achtundzwanzig Jahren hatte er seine sexuelle Ouvertüre mit einer Frau erlebt.

Genau dieses innere Exil und die äußere Unattraktivität und Unbeweglichkeit hatte Mechthild ihrem Julian jahrelang und immer erbitterter werdend vorgeworfen: *Warum läufst du so schlampig herum? Warum machst du nichts aus dir? Warum speckst du nicht ab? Warum hast du keinen Freund? Warum machst du keinen Tanzkurs? Warum hast du kein Hobby? Warum machst du nicht Therapie, um den alten Schrott aus deinem Leben zu werfen? Warum treibst du keinen Sport?* Ja, in einer grandiosen Formulierung hatte die bibelstarke Mechthild ihrem in der Gefangenschaft seiner Seele eingekerkerten Julian die Frage aller Fragen gestellt: *Warum trinkst du nicht statt Alkohol von dem Wasser des Lebens?*

Irgendwann zündete der Funke. Es musste noch der Tod von Julians geliebter Mutter hinzukommen, um ihn zu dem zu veranlassen, was uns Männern am schwersten fällt – Hilfe zu holen. Julian gönnte sich bei einem, wie er sagte, *fabelhaft offenen* Therapeuten eine Einzel- und Gruppentherapie. In der Einzeltherapie dechiffrierte er in filigraner Arbeit die negativen Geheimcodes seiner Ich-Werdung. Er weinte, wütete und begriff. In der Gruppe lernte er wie ein Kind die ersten Schritte des neuen Lebens. Er wurde wieder lebendig. Er ließ den Alkohol, das Fressen, die Einsamkeit. Julian begann, sich und seinen Körper zu lieben. Er kaufte sich schöne Jacken, Hemden, Schuhe, Hosen und Unterhosen. Er begann, allein auszugehen, fand in einem Tennisklub Kontakte – und verliebte sich in seine Trainerin! Das war der Grund, warum Julian und Mechthild bei mir saßen. Zu meinem Erstaunen reagierte Mechthild souverän. Sie schimpfte zwar über das *freche Tennisweib*, aber sie bemerkte selbstkritisch: *Ich war es ja selbst, die dich lebendig wollte. Jetzt bist du mir allerdings ein bisschen zu lebendig.*

Julian und Mechthild fanden, wie ich noch verblüffter registrierte, fast mühelos wieder zueinander. Mit erstaunlicher Evidenz demonstrierten sie mir eine Erfahrung, die jeder

Paartherapeut macht. Eine Außenbeziehung löst in vielen Fällen nicht nur eine ungewöhnliche Dynamik in der Ehe aus, sondern bricht alte Rollenmuster auf. Wie die meisten Paare bekannten Julian und Mechthild: *Noch nie haben wir uns so viel unterhalten wie seit dem Seitensprung. Wir kommen aus dem Reden gar nicht mehr heraus.* Darüber hinaus gaben beide ihre unseligen alten Rollen auf. Julian fungierte nicht mehr länger als das duldend-passive Objekt von Mechthilds pädagogischen Bemühungen. Mechthild empfand über Nacht ihren Julian als *affengeil attraktiv*. Sie fürchtete, ihn an alle *Tennisweiber dieser Welt* zu verlieren. Sie kämpfte, bis ins Bett, wie eine Löwin um ihn. *Stell dir vor*, sagte sie mit einem belustigten Blick auf Julian zu mir, *ich habe mir sogar scharfe Unterwäsche für diesen Kerl gekauft.*

In der Fähigkeit, konstruktiv zu streiten, statt die Differenzpunkte unter den Teppich zu kehren, liegt viel praktische Schattenarbeit. Jürg Willi: *Liebespartner sind sich die kompetentesten Kritiker und unerbittlichsten Herausforderer, weil jeder von der Entfaltung des anderen direkt betroffen ist. Was sie sich wechselseitig vorwerfen, trifft in der Regel zu, allerdings nur im*

*Lichte der Gegenvorwürfe des anderen. Partner sind füreinander die Stimme des Unbewussten, d. h. der verdrängten Aspekte der persönlichen Entwicklung. Manche wehren sich aber dagegen, auf die Vorwürfe des anderen einzugehen, weil sie eine unbequeme Wahrheit enthalten und man befürchtet, bei deren Befolgung dem Einfluss des Partners zu viel Raum zu geben.*

Die Jungianischen Psychotherapeuten empfehlen dem von der Außenbeziehung des Partners verletzten „Opfer", die Rivalin oder den Rivalen nicht einfach blindlings zu bekämpfen und ihn als Mensch abzuwerten, sondern ihn zum *Schattenbruder*, sie zur *Schattenschwester* zu machen. In meinem Buch *EiferSucht – ein Schicksalsschlag? Von Liebe, Freiheit und Besitzgier* habe ich dieses Experiment im Laboratorium der Gefühle ausführlich dargestellt. In der Zwischenzeit habe ich in der Sprechstunde wiederholt den Segen dieser Schattenarbeit am Beziehungsdreieck konkret erlebt. Ich bin immer wieder verblüfft, welche seelischen Energien zur Veränderung sie auslöst. Am meisten hat mich der Fall Anja beeindruckt.

Anja, eine Kunsthandwerkerin, Anfang dreißig, verheiratet, aber kinderlos, kam zu mir, um mit einem männlichen Therapeuten den sexuellen Missbrauch, den ihr ein Onkel zugefügt hatte, durchzuarbeiten. Ich erlebte sie ungewöhnlich offen, in Kleidung, Gestik, Sprachduktus und Emotionalität um Weiblichkeit bemüht. Das freute mich besonders, weil gerade Missbrauchsopfer oft noch jahrzehntelang das Verbrechen derart gegen *sich selbst* wenden, dass sie sich Weiblichkeit und erotische Ausstrahlung verbieten und durch diese umfassende Abwehr ebenso beschützt wie auch gefangen sind. Auch bei Anja war das viele Jahre so gewesen, erzählte sie mir. Die Befreiung aus ihrer Verschlossenheit geschah in paradoxer und schmerzlicher Weise durch einen, eher kurzen, Seitensprung ihres Mannes.

Kai hatte, so erinnerte sich Anja, ihre sexuelle Kargheit und häufige Abwehr schlecht ertragen. Er war ein lebensfroher und kostbar sinnlicher Mann. Anja: *Es ist wie im Kitschfilm. Ich nenne ihn immer den „Förster vom Silberwald". Er ist gerade vierzig Jahre alt geworden, strahlt die Magie grauer Schläfen aus und ist richtig frech. Frauen machen ihm ständig Avancen.*

Einmal wurde unser Förster vom Silberwald

schwach und erlebte mit einem wahren erotischen Kraftpaket von Frau auf einer Fortbildungswoche sieben heiße Nächte. Anja: *Er kam wie umgewandelt zurück von dieser Woche. Seine Augen sprühten, sein Gang war selbstbewusst, der ganze Bursche war pure Sinnlichkeit. Ich spürte sofort, dass da eine Frau dahintersteckte. Ich gebe es zu, ich habe all seine Anzüge, den Koffer, die Wäsche, die Brieftasche wie ein Detektiv untersucht. Dann stieß ich auf ein Foto. Ich staunte. Sie war nicht nur bildschön in ihrem knappen Mini, dem hautengen schwarzen Pullover und dem kurz geschnittenen schwarzen Haar, sondern sie lachte mit einer solchen Natürlichkeit und Wärme in die Kamera, dass es mich entwaffnete. Ich habe das Foto in meinem Büro auf den Farbkopierer gelegt und mir eine Dublette des Bildes gesichert. Dann gab ich das Originalfoto Kai zurück und machte ihm natürlich den größten Krach seines Lebens. Unsere Bude hat gewackelt, so habe ich geschrien. Er wurde ganz kleinlaut.*

Das war zwar wichtig, diese explosionsartige Entladung der Gefühle, das Herausschreien der Kränkung und Verwundung, aber es war, wie Anja mir gestand, nicht das Entscheidende. Entscheidend war, wie Anja mit der Affäre umging. Das Foto von Gloria, der Rivalin, brannte wie ein Stück glimmender Kohle in ihrer Handtasche: *Immer wieder zog ich es heraus und betrachtete es lange. Wie ich diese Gloria hasste – und liebte! Ich hasste sie, weil sie einfach „meinen" Kai ausgeliehen hatte. Ich hätte nach Voodoo-Art ihre Augen auf dem Bild mit Nadeln durchstechen mögen, um sie mit Blindheit zu schlagen. Aber andererseits fand ich sie wunderhübsch und von einer hinreißenden Weiblichkeit. Schon allein, wie sie angezogen war, wie sie sich schminkte, wie sie Selbstbewusstsein ausstrahlte.*

*Manchmal erwischte ich mich bei dem Gedanken, dass ich mir diese tolle Frau als Freundin wünschte. Wenn sie bloß nicht an das „gute Stück" von Kai gegangen wäre. Diese Diebin! Mitunter wurde ich auch wieder deprimiert und mutlos, weil ich an diese Frau nicht herankam! Dann wendete sich das Blatt. Ich begriff etwas Wichtiges: Wenn ich weiter so in Sack und Asche herumlief, mich selbst nicht liebte, meinen Körper und meinen Charme versteckte, brauchte ich mich nicht zu wundern, dass es Kai nach „weiblicher Zuckerspeise" verlangte. Ich stand vor dem Spiegel und dachte: „Wenn du ein Mann wärst, wür-*

*dest du mit dieser Schrippe flirten wollen? – Nee!*"

Die gebürtige Berlinerin Anja fackelte, als sie dies begriffen hatte, nicht lange. Sie stellte die Weichen in ihrem Leben neu. Ähnlich wie Julian, von dem wir vorher gehört haben, kaufte sie sich hübsche Klamotten, vor allem Kleider und Röcke und *sündige Dessous*, wie sie sagte. Sie begann, vorsichtig mit anderen Männern zu flirten (*Ich war ungeschickt wie eine Tanzschülerin*), und bezirzte endlich auch den verdutzten Kai. Der verstand zunächst die Welt nicht mehr, hatte er sich doch auf eine jahrelange Straf- und Entzugsaktion der früher so herben Anja eingerichtet.

Zu mir kam Anja, um die durch den kindlichen Missbrauch verursachten tieferliegenden seelischen Blockaden ihrer Emotionalität und ihres Sexus zu erinnern, durchzuarbeiten und aufzulösen. Die unsichtbare Rivalin, die verführerische Gloria, hatte sie sich erfolgreich zur *Schattenfreundin* gemacht. Anja: *Ich habe sie nie gesehen. Das wollte ich auch nicht. Das Bild genügte mir. Die Gloria des Fotos wurde eine Zeitlang zum festen und anfeuernden Bestandteil meines Lebens. Kai ahnte nichts davon. Es war mein Geheimnis. Gloria wurde mir zu einer Art Vorbild. Sie besaß genau jene Weiblichkeit und jenes Selbstbewusstsein, die beide noch unerlöst in mir schlummerten. Als ich die „Gloria in mir" ans Licht der Welt gebracht hatte, brauchte ich auch das Foto nicht mehr. Ich verbrannte es über einer Kerze und düngte mit dem winzigen Aschehäuflein meine Lieblingsrosen. Da war wieder Frieden in meinem Herzen.*

Das Rivalitätsgeschehen in diesem Sinn beschreibt die Psychoanalytikerin Verena Kast mit den Kategorien der Jungschen Tiefenpsychologie theoretisch so: *Hinter der heftigen Ablehnung des Rivalen, der Rivalin, steckt gelegentlich auch eine Faszination. Das brachte Freud wohl darauf, von einer homosexuellen Faszination durch den Rivalen oder die Rivalin zu sprechen. In der Jungschen Terminologie würde man nicht nur von einer sexuellen Faszination sprechen, sondern von einer – ich spreche jetzt von der Frau aus – Animafaszination. Es geht dabei um einen unbewussten, faszinierenden Anteil vom Typus der geheimnisvollen Fremden, welche wesentliche weibliche Anteile der eigenen Psyche verkörpert die, wenn man mit ihnen in Kontakt kommt … zum eigenen, auch spirituellen Selbst hinführen. Ob*

*Schattenanteil oder Anima- beziehungsweise Animusfaszination, die Frage ist, ob man mit diesen Anteilen in Kontakt kommen kann, oder ob dieser Rivale und Rivalin einfach abgelehnt und in ihrer Bedeutung für das eigene Leben verleugnet werden.*

Der Fremde oder die Fremde der Außenbeziehung kann vom „Opfer" sozusagen inkorporiert, in die eigene Psyche einverleibt und zu Eigenem verwandelt werden. Verena Kast: *Gelingt es, die Rivalin oder den Rivalen nicht einfach zu verteufeln und damit die ganze Dynamik zu blockieren, die ja bereits im Gange ist, gelingt es uns, uns zu fragen, was denn der Rivale oder die Rivalin mit uns selbst zu tun hat, können wir etwas produktiver mit der Eifersucht umgehen.*

Schattenarbeit an uns selbst und gegenüber dem Dritten und der Dritten in der Beziehung ermöglicht uns die Entfaltung unserer eigenen Persönlichkeit. Es ist wie in der Natur: Was im Schatten ist, drängt zur Sonne. Was wir verleugnen, verharrt im Schatten. Es ist schmerzlich gegen die Entwicklung gerichtet. Es ist à la longue gefährlich.

Der andalusische Lyriker Antonio Machado

würdigt in einem geheimnisvollen Vierzeiler das Ringen um unseren positiven Schatten:

*Suche nach deiner anderen Hälfte,*
*sie geht immer neben dir;*
*sie strebt danach, das zu sein,*
*was du nicht bist.*

# Verzeihen

*Aber die Gefahr beim Hassen ist: Wenn man erst einmal damit angefangen hat, kriegt man hundertmal mehr, als man wollte. Wenn man damit angefangen hat, kann man nicht mehr aufhören. Ich kenne nichts, das schwerer im Zaum zu halten ist, als das Hassen. Es ist leichter, mit dem Trinken aufzuhören, als mit dem Hassen. Und das will etwas heißen.*

Philip Roth,
Der menschliche Makel

Wir sehen, nicht die Außenbeziehung ist das alleinige Problem, sondern die zugrunde liegenden Konflikte, die Beziehungsdefizite, der ungelöschte emotionale Hunger. Natürlich hat der Seitensprung manchmal auch schlicht „Neu-Gier“ und „Trieb-Freude“ als Hintergrund. Michael Mary konstatiert nüchtern: *Wenn Menschen fremdgehen, sprechen sie davon, ein „Abenteuer“ erlebt zu haben. Und so*

VERZEIH' MEINE HARMONIE-SUCHT
UND VERZEIH' DU MEINE AGGRESSIONEN

*ist es auch. Das Abenteuer ist nur in der Fremde möglich.* Das mag dem Partner entsetzlich wehtun, aber ist es nicht auch menschlich? Der englische Philosoph Bertrand Russel warnte in *Marreage and Morales* schon vor Jahrzehnten: *Ehebruch dürfte meiner Meinung nach keinen Ehescheidungsgrund abgeben. Denn wohl die wenigsten Menschen werden, sofern sie nicht durch Hemmungen oder starke moralische Bedenken zurückgehalten werden, ohne gelegentlich ausgeprägt ehebrecherische Impulse durchs Leben gehen.* Goethe, der viel von der Ehe hielt, reimte trotzdem sarkastisch: *Verwechsele nie Enthaltsamkeit mit Mangel an Gelegenheit.*

Zweihundert Jahre später hat sich, angesichts der hohen Scheidungsraten, der Begriff des *Lebensabschnittpartners*, der *seriellen Monogamie* oder der *temporären Polygamie* eingebürgert. Soziologen, Psychologen und Sexualwissenschaftler fragen sich in einer nicht abreißenden Flut von Aufsätzen und Büchern, ob sich der heutige Pluralismus der Lebensformen mit der ehelichen Kasernierung der Sexualität vereinbaren lässt, die aus einer früheren Epoche strenger biologischer und ökonomischer Zwänge stammt. Am Ende des

19. Jahrhunderts bereits gab Nietzsche (in *Der Wille zur Macht*) sarkastisch zu bedenken: *Bei den Ehen im bürgerlichen Sinne handelt es sich um die gesellschaftliche Erlaubnis, die zwei Personen zur Geschlechtsbefriedigung aneinander erteilt wird.*

Außenbeziehungen erweisen sich oft, rückblickend betrachtet, als Vorboten des Wandels – wenn das Paar nicht ängstlich das Gespräch vermeidet oder einseitig die Kränkung thematisiert, sondern die Wahrheit über die Beziehung sucht. Jellouschek konstatiert (in *Wie Partnerschaft gelingt*): *Ich habe das schon oft erlebt: So schwer es war und so viel es durcheinander gewirbelt hat, im Endeffekt war die Außenbeziehung ein Segen, weil sie ein erstarrtes Ehegehäuse aufgebrochen, frischen Wind und neues Leben hineingebracht hat. Diese Wirkung freilich kann sie nur haben, wenn man darauf verzichtet, das „Fremdgehen" einseitig moralisch zu verurteilen und den Schwarzen Peter dem Untreuen zuzuschieben. Dann vergibt man eine große gemeinsame Chance.*

Paare, die sich rühmen, *Wir streiten niemals* und *Wir brauchen keine Freunde. Wir sind uns selbst genug*, sind dagegen zu Lebzeiten schon tot. Wie sagt doch die Schriftstellerin Françoise Sagan so sarkastisch: *Viele, von denen man glaubt, sie seien gestorben, sind bloß verheiratet.*

Unerlässlich in jeder Beziehung, besonders nach dem Ausnahmezustand des Dreiecksverhältnisses, ist jedoch die glaubwürdige Form der *Verzeihung*. Sollte sie nur einseitig vom „Täter" gegen das „Opfer" ausgesprochen werden? Sicher hat der „Fremdgänger" bzw. die „Fremdgängerin" eine gerüttelte Last auf sich geladen und muss kräftig Abbitte leisten. Davon beißt die Maus keinen Faden ab. Aber sind sich nicht beide Partner offensichtlich seit längerer Zeit nicht mehr gerecht geworden? Ist nicht auch ein Wort des Bedauerns und der Verantwortungsübernahme von Seiten des „Opfers" erforderlich, das ja auch verborgene Täterqualitäten hat?

Hans Jellouschek sagt für die weibliche Seite: *Oftmals lebt die Geliebte Seiten des Frauseins, die die Ehefrau vielleicht schon lange nicht mehr lebt, denen sie sich vielleicht sogar verweigert. Damit ist sie konfrontiert und damit steht für sie die Frage an: „Was ist mit mir als Frau los? Wie will ich leben?"* (*Semele, Zeus und Hera. Die*

*Rolle der Geliebten in der Dreiecksbeziehung*). In seinem Einpersonenstück *Effis Nacht* lässt Rolf Hochhuth Fontanes „treulose“ Heldin Effi, deren Geliebter, Major Crampas, von ihrem standesstolzen Ehemann, Landrat von Innstetten, im Duell getötet wurde, sagen: *Also nur die Eitelkeit können die verjährten Briefe meines Liebhabers noch verletzt haben ... Doch was heißt: Nur? Eben aus den Briefen hat er ja ablesen müssen, was ihm fehlte an Feuer und Liebe und Fantasie ... und Lebenskultur.*

Wenn wir aufhören, bei der Aufdeckung einer Außenbeziehung sämtliche Schleusen der bigotten Empörung zu öffnen, und stattdessen die *Suche nach der verlorenen Zeit* beginnen, eröffnen wir uns, dem Partner und unserer Partnerschaft die Chance, zu verstehen, zu verzeihen und unsere Beziehung im Jungbrunnen zu vitalisieren. In seinem unbequemen, weil nüchternen Buch *Fünf Wege, die Liebe betreffend* warnt Michael Mary vor der weit verbreitetsten *Sexlüge*: *Es ist sicher an der Zeit, von der Dramatisierung außerehelicher Sexualität ... wegzukommen. Wahrscheinlich gibt es genauso viele Dramen auf Grund unterlassener Seitensprünge wie durch ausgeführte, wie zum Beispiel endlose Gespräche sexuell frustrierter Ehepaare, warum wer wen nicht mehr so begehrt wie früher, wer „sexgeil" und wer „blockiert" ist, wer zur Therapie muss und weshalb.*

Ohne Verzeihen ist die Heilung einer Außenbeziehung nicht denkbar. Die Demut, um Verzeihung zu bitten, und die Fähigkeit, Verzeihung zu gewähren, sind die beiden friedensstiftenden Kräfte unseres Lebens schlechthin. Wir alle sind verletzt worden. Wir alle haben verletzt. Wir alle sollten gelernt haben zu verzeihen. *Es tut mir leid* – diese friedensstiftende Formel haben wir schon als Kind gelernt. Im *Epheser-Brief* 4,26 heißt es, auch für Atheisten schön nachvollziehbar: *Versündigt euch nicht im Zorn und versöhnt euch miteinander, bevor es Abend wird, sonst bekommt der Teufel Macht über euch.* Wer religiös erzogen wurde, hat die Vergebensbitte des Vaterunsers in Erinnerung: *Und vergib uns unsere Schuld, wie auch wir vergeben unseren Schuldigern.*

Irren ist menschlich. Um Verzeihung bitten ist noch menschlicher. Verzeihen ist am menschlichsten. Ein Präsident Clinton hat sich für die Rassentrennung entschuldigt und für das Unrecht, das den schwarzen Bürgern Amerikas von den Weißen angetan wurde. Der südafrikanische Ex-Präsident De Klerk bat öffentlich um Entschuldigung für das grausame Apartheidsystem am Kap der Guten Hoffnung. Die Evangelische Kirche Deutschlands gab nach dem Krieg ein Reuebekenntnis für ihre Unterstützung des nationalsozialistischen Regimes ab. Papst Johannes Paul II. bat um Verzeihung seiner Römischen Kirche für die Kreuzzüge, die Inquisition, den Sklavenhandel, aber auch für ihre Verketzerung von Calvin, Luther und Zwingli.

Allein die Liebe vergibt. Auf die Frage von Petrus, wie oft man denn zu verzeihen habe, antwortete Jesus: *Nicht sieben Mal, sondern sieben Mal siebzig Mal.* Mahatma Gandhi befand: *Der Schwache kann nicht verzeihen. Verzeihen ist eine Eigenschaft der Starken.*

Wie wir schon gesehen haben, darf die unschöne Tatsache des Seitensprunges, nicht bagatellisiert, rationalisiert, funktionalisiert, verdrängt, vergessen, geleugnet, beschönigt oder gerechtfertigt werden. Wofür soll es denn überhaupt Verzeihung geben, wenn eigentlich alles gar nicht so schlimm war? Verzeihen ist ein Prozess, den beide bestehen müssen. Ich muss selbst als „Opfer“ wieder stark geworden sein. Ich muss begriffen haben, dass ich mich selbst schädige, wenn ich unversöhnlich an meiner Erbitterung und Rache festhalte. Ich habe begriffen, was und warum es geschehen ist und wie ich selbst darin in meiner Schwäche verwickelt war. Ich habe genügend gelitten und getrauert, gewütet und meine Gefühle gezeigt, ich habe mit dem anderen Klärungen erlebt. Ich verlasse jetzt die Spirale der Hilflosigkeit und der Hoffnungslosigkeit. Ich bin nicht länger mehr Opfer. Ich kann zur Tagesordnung übergehen.

Die Scheuklappen des Opfers abzulegen und zur Selbstachtung zu finden, das sind die Fundamente der Heilung. Ob Verletzte oder Verletzter – ich habe die Dramaturgie meines und deines Handelns durchschaut. Wir haben die Krise überlebt und viel daraus gelernt. Wir leben. Wir sind nicht ohnmächtig, sondern unserer mächtig. Wir haben das Steuer in der Hand. Wir können unsere Beziehung neu gestalten. Wir sind keine Kinder, sondern Erwachsene. Wir dürfen wütend sein, aber wir sind keine Hampelmänner unserer Wut. Wir haben Schwächen. Wir haben wundervolle Eigenschaften. Wir geben unseren Hass und Groll auf. Wir sind wieder dankbar für uns.

Vertrauen auf die Kraft und Lebendigkeit der Beziehung, das ist der Gewinn der Reise des Verzeihens. Jeder kann verzeihen. Es ist die Kunst der Befreiung. Ich muss dem anderen verzeihen. Ich muss mir selbst verzeihen. Die Reise des Verzeihens ist auch eine Expedition in die eigene Schuldhaftigkeit und die Hartnäckigkeit unseres Elefantengedächtnisses, das das eigene Kränken des Partners ausblendet, aber die Kränkung durch ihn von Ewigkeit zu Ewigkeit konserviert. Die Lyrikerin Eva Strittmatter benannte in ihrem Gedicht *Schuld* diese Haltung der Selbstgerechtigkeit so:

*Ach, wie viel Schuld in meinem Leben.*
*Wer wägt gerecht die eigene Schuld?*
*Wie schnell hat man sich selbst vergeben.*
*Doch das Gedächtnis hat Geduld,*
*Wenn andere uns mit Gram geschlagen.*
*Wir wissen noch nach tausend Tagen*
*Gewicht und Preis der fremden Schuld.*

Schauen wir uns einmal die Dramaturgie des Verzeihens von ihrem negativen Pol aus an. Was passiert eigentlich, wenn ich nicht verzeihe, bzw. wenn mir nicht verziehen wird? Die Weigerung, einem anderen zu vergeben, bedeutet, dass der Verletzte ein unabänderliches Urteil über den Verletzer fällt. Ich bin nicht bereit, meinem Gegenüber, von dem ich enttäuscht bin, die Chance einer Entwicklung einzuräumen. Ich schließe ihn gleichsam, wie die Natur eine Mücke, entwicklungslos im Bernstein meiner versteinerten Sicht ein. Der Täter, das Opfer und die Beziehungen bleiben ein für alle Mal im Stadium der Vergangenheit versteinert. Solche psychologischen Erblasten sind Todesurteile. Haben wir aufgeklärten Europäer nicht inzwischen gelernt, dass die Todesstrafe jede Chance der Resozialisierung eines Menschen zunichte macht und die Seele der Gesellschaft selbst verwüstet?

Wissen wir nicht aus unserer eigenen Biografie wie aus der Kultur und Geschichte unseres Volkes, wie unerlässlich die Kunst des Um-Verzeihung-Bittens und des Vergebens ist? Vergebung bedeutet eine schöpferische Art, mit der Vergangenheit umzugehen. Wo sie schon nicht geändert werden kann, so kann doch die Gegenwart befriedet und ein Neuanfang gesetzt werden.

Die Vergebung akzeptiert die eigene Unvollkommenheit und Fehlerhaftigkeit. Vergebung berücksichtigt darüber hinaus, dass kein Mensch nur auf eine böse Tat reduziert werden kann. Er ist mehr, und er ist wandelbar.

Ärzte weisen darauf hin, dass das Nichtvergeben die seelische Anspannung und damit eine Fülle psychosomatischer Krankheiten vom Bluthochdruck über Migräneattacken bis zu Herzneurosen fixieren kann. Die dem Nichtvergeben zugrunde liegende Haltung des Misstrauens und der verborgenen Aggressivität kann langfristig gesundheitsschädigend sein.

Psychotherapeuten und Seelsorger wissen: Wer vergibt, der fühlt sich nicht länger als Opfer und willenloses Objekt böser Mächte, sondern er wird angstfrei. Er wird wieder vertrauensvoll und übernimmt *Verantwortung für sich*. Er wird in seinem Verzeihen auch weiser, weil er die komplexen, oft unabsichtlichen Motive des Verletzers angehört und begriffen hat. Im Verzeihen der Außenbeziehung beendet der Verzeihende das Auf und Ab des Gefühlskarussels, das so verheerende Energien kostet. Jetzt werden positive Energien für die Gestaltung der Gegenwart frei.

Verzeihung bildet das Herzstück der Heilung böser Erinnerungen. Wer verzeiht, der verhindert, dass die Verletzung auch das künftige Zusammenleben beeinträchtigt. Es gelingt dem Verzeihenden damit, hinter der „Tat" des anderen *ihn selbst* zu sehen. Er realisiert damit gleichzeitig, dass auch er selbst eines Tages auf das Verzeihen des anderen angewiesen ist. Wer nicht verzeiht, der nimmt das Ende der Beziehung billigend in Kauf. Auch der Verletzte hat seine Würde und ein Recht auf Verjährung. Wird er aus der Schuld nicht entlassen, wird er früher oder später den ehelichen Tatort verlassen, um in einer unbelasteten anderen Beziehung ein neues Leben im Stand der heiligmachenden Gnade zu beginnen.

Wer nicht vergibt, der verdirbt. Ich erinnere mich an Hildegard, Mutter von drei Kindern, knapp fünfzigjährig. Sie kam zu mir, weil sie ihrem Mann, einem Krankenpfleger, seine – inzwischen längst beendete – Affäre mit einer

Arbeitskollegin nicht verzeihen konnte. Hildegard kompensierte ihren Groll mit einer typisch weiblichen, das heißt „weichen“, Sucht, der Esssucht. Innerhalb weniger Monate ging sie auf wie ein Hefeteig. Sie nahm fünfzehn Kilo zu. Was allerdings erschwerend hinzukam, war, dass die Ehe ihrer Eltern an einer Außenbeziehung ihres Vaters zugrunde gegangen war, und Hildegard seitdem das Leben subjektiv als einen Opfergang erlebte.

D. Seamonds urteilt über die selbstschädigende Wirkung eines solchen Nicht-Verzeihen-Könnens (in *Heilung der Erinnerungen*) warnend: *Wir können nicht über einen längeren Zeitraum verborgenen Groll in uns tragen und verarbeiten, ebenso wenig wie unser Magen Glasscherben aufnehmen und verdauen kann. In beiden Fällen werden wir ein hohes Maß an innerer Qual und an Schmerz empfinden.*

Um richtig um Verzeihung zu bitten und Versöhnung zustande zu bringen, müssen wir, gerade nach dem *Urknall* einer Außenbeziehung, klare Schritte unternehmen. Erstens muss ich *anerkennen*, dass ich den anderen mit meiner Zweitbeziehung verletzt habe. Das verlangt eine Haltung der *Demut*: *Ja, ich hatte mit diesem Menschen eine Beziehung. Ich habe mit ihm geschlafen. Das hat dir schrecklich weh getan.* Umgekehrt soll auch der Gekränkte zu seiner Verletzung *deutlich* stehen: *So geweint habe ich noch nie in meinem Leben. Es war die Hölle für mich. Ja, du hast mir sehr weh getan.*

Zweitens muss ich *expressis verbis*, das heißt *wörtlich* um Verzeihung bitten. Ich darf nicht um die Sache herumreden. Am besten wähle ich einen einfachen Satz: *Ich bitte dich um Verzeihung*. Das ist für den Verletzten wichtig. Er will und muss vom Verletzer den Tatbestand der Kränkung und die Bitte um Verzeihung *ohne irgendein einschränkendes Wenn-und-aber* hören und die Betroffenheit des Partners dabei spüren. Das allein ist schon ein Stück Heilung. Umgekehrt ist auch der Verletzte gefordert.

Jellouschek argumentiert (in: *Wie Partnerschaft gelingt*): *Es ist auch von dem, der verletzt wurde, Demut verlangt, nämlich der Verzicht, die moralisch bessere Situation zu erhalten und auszunutzen. Er muss bereit sein, seine Verletzung loszulassen und damit auf eine machtvolle Waffe zu verzichten. Jede Verletzung, die mir mein Partner zugefügt hat, kann also eine schlimme Waffe in meiner eigenen Hand werden. Am schlimmsten wird es, wenn ich sage: „Das kann ich dir n i e m e h r verzeihen!" Damit habe ich den Übeltäter am Kragen, und ich kann ihn daran zappeln lassen, solange ich will. Er hat dann keine Chance mehr, irgendetwas wieder gutzumachen.*

Womit wir beim dritten Punkt sind – der *Wiedergutmachung*. Selbst wenn ich als „Untreuer", als „Untreue" dem Partner eigentlich keinen Schmerz zufügen wollte, sondern aus einer existenziellen *Treue zu mir selbst* gehandelt und meine Lebendigkeit in der Außenbeziehung wiedergefunden habe, so habe ich doch dem/der „Treuen" eine tiefe Verletzung zugefügt. Jellouschek (in *Warum hast du mir das angetan?*): *Wir entkommen in unserem Leben solchen Dilemmata nicht. Ohne so oder ähnlich schuldig zu werden, können wir uns nicht entwickeln. Unschuldig bleiben zu wollen, ist der Versuch, an einem irrealen Kindheitsparadies festzuhalten.* Aber wir können das Geschehene bereinigen.

Im alten germanischen Recht gab es bereits das wichtige Rechtsinstitut der *Wiedergutmachung*. Wir kennen das heute noch, zum Beispiel in dem Anrecht auf ein *Schmerzensgeld* nach einem Verkehrsunfall. Schon kleine Kinder leisten gerne und fast instinktiv Akte der Wiedergutmachung: *Mama, ich will wieder lieb sein. Ich helfe dir beim Spülen und bringe den Abfall runter.*

Immer wieder erlebe ich in der Paartherapie, wie ein nach einer Außenbeziehung gekränkter Mann oder eine Frau positiv auf ein Wiedergutmachungsangebot, das ich empfehle, reagiert. Es darf allerdings nicht schäbig sein, sondern muss das Maß des Gewöhnlichen sprengen. Eine Frau wünschte sich beispielsweise von ihrem *Schwerverbrecher*, wie sie ironisch formulierte, ein nicht eben billiges Collier für ihren schönen schlanken Hals. Sie bekam es. Eine andere Frau wiederum musste für ihren Seitensprung ihrem Mann einen Angelurlaub finanzieren. Sie tat es erleichtert.

Für Wiedergutmachungen plädieren meine Schwester, Dr. Maria Theresia Jung, und ich, in unseren gemeinsamen Paarseminaren im *Dr.-Max-Otto-Bruker-Haus*, auch bei kleineren „Vergehen" in der Partnerschaft, die sich ja nie vermeiden lassen. Wie schön ist es, vom Partner zu hören: *Ich hab dich geärgert, mein Schatz. Dafür schäle und koche ich dir deinen geliebten Spargel.* Oder: *Das war lieblos von mir,*

*Liebes. Dafür fahre ich jetzt ins Büro und mache dir deine Kopien.*

Für den Prozess des Verzeihens dürfen wir ruhig unsere Fantasie anstrengen, um zu spüren, was nicht nur dem anderen, sondern uns beiden gut tut. Ein Versöhnungsspaziergang. Ein Verzeihungsbrief. Ein Versöhnungsritual. Eine Umarmung. Ein Kuss. Sich die Hand geben. Eine Brennnessel als Symbol ins Wasser werfen ... Sicher empfiehlt es sich auch, wie ich in meinem Buch *Das sprachlose Paar. Wege aus der Krise* dargestellt habe, die Partnerschaft mit regelmäßigen *Zwiegesprächen* nach Lukas Moeller und *Liebesverträgen* zu vertiefen und neu einzuregulieren.

Ein wahres Highlight ist es, ein richtiges *Versöhnungsfest* zu inszenieren. Erinnern wir uns an die bekannte biblische Geschichte vom barmherzigen Vater und vom verlorenen Sohn. Dieser bittet um Verzeihung und bekommt sie. Der Vater nimmt ihn wieder in sein Haus auf. Die familiäre Wiedervereinigung ist für den Vater eine so große Freude, dass er ein großes Fest ausrufen muss. Das Beste ist, wie uns der Evangelist Lukas berichtet, gerade gut genug – das gemästete Kalb, die schönsten

Kleider, goldene Ringe und Schuhe. Sollten nicht auch wir unsere Freude über die wiedergefundene Liebe mit anderen teilen? Wie sagt doch dieser großartige Vater zu seinem neidischen älteren Sohn: *Aber jetzt müssen wir uns doch freuen und ein Fest feiern; denn dein Bruder war tot und lebt wieder* (*Lukas 15, 32*).

Wie wollen wir überhaupt überleben, wenn wir nicht verzeihen können? Schließlich gibt es noch „unverzeihbarere" Dinge als die Außenbeziehung. Anwar el Sadat, Mahatma Gandhi, Martin Luther-King, Nelson Mandela und viele andere haben bereits während ihrer Inhaftierung den Weg zum Verzeihen gefunden. Sie waren sicher nicht frei von Verbitterung, Wut und Rachegefühlen, aber sie überwanden sie. Indem sie verziehen, konnten sie diese Gefühle in positive Energie transformieren und nach ihrer Entlassung aus dem Gefängnis Millionen von Leidensgenossen für die Versöhnung mit den einstmals gehassten Unterdrückern gewinnen.

Was unsere intimen Beziehungen angeht, so besteht ihre schmerzhafte Spannung eben darin, dass wir gerade die Menschen verletzen, die wir am meisten lieben, und gerade von denen gekränkt werden, die Heimat in unserem Herzen haben. Das ist unvermeidlich. Wir werden sozusagen schuldlos schuldig. Wer immer auch sich handelnd in der Welt bewegt, der tut nicht nur Gutes, sondern setzt auch Böses.

Was ist gegen diese *Unwiderruflichkeit des Getanen* zu machen? Die Philosophin Hannah Arendt hat hierüber – wie ich glaube, als einzige moderne Denkerin – gründlich nachgedacht. In ihrem Hauptwerk *Vita activa oder Vom tätigen Leben* findet sie die Antwort: *Das Heilmittel gegen Unwiderruflichkeit – dagegen, dass man Getanes nicht wieder rückgängig machen kann, … liegt in der menschlichen Fähigkeit zu verzeihen. Und das Heilmittel gegen Unabsehbarkeit … liegt in dem Vermögen, Versprechen zu geben und zu halten … Könnten wir einander nicht vergeben, das heißt, uns gegenseitig von den Folgen unserer Taten wieder entbinden, so beschränkte sich unsere Fähigkeit zu handeln gewissermaßen auf eine einzige Tat, deren Folgen uns bis an unser Lebensende im wahrsten Sinne des Wortes verfolgen würden … Gerade im Handeln wären wir das Opfer unserer Selbst, als seien wir der Zauberlehrling, der das erlösende Wort „Besen, Besen sei's gewesen" nicht findet.*

Der natürliche Gegensatz der Verzeihung ist nach Hannah Arendt die *Rache*. Sie handelt in der Form der *Re-aktion* und bleibt an die ursprüngliche, verfehlende Handlung gebunden. Der Akt des Verzeihens stellt in unvergleichlicher Weise einen *neuen Anfang* dar. Hannah Arendt: *Die Fähigkeit zu verzeihen und zu versprechen sind in dem Vermögen des Handelns verwurzelt; sie sind die Modi, durch die der Handelnde von einer Vergangenheit, die ihn auf immer festlegen will, befreit wird und sich einer Zukunft, deren Unabsehbarkeit bedroht, halbwegs versichern kann. (...) Nur wem bereits verziehen ist, kann sich selbst verzeihen; nur wem Versprechen gehalten werden, kann sich selbst etwas versprechen und es halten.*

Die atheistische Jüdin appelliert an die Ursprünge unseres christlichen Gewissens. Hannah Arendt: *Was das Verzeihen innerhalb des Bereiches menschlicher Angelegenheiten vermag, hat wohl Jesus von Nazareth zuerst gesehen und entdeckt. Dass diese Entdeckung in einem religiösen Zusammenhang gemacht und ausgesprochen ist, ist noch kein Grund, sie nicht auch in einem durchaus diesseitigen Sinne so ernst zu nehmen, wie sie es verdient, ... entscheidend in unserem Zusammen-*

*hang ist, dass Jesus gegen die „Schriftgelehrten und Pharisäer" die Ansicht vertritt, dass nicht nur Gott die Macht habe, Sünden zu vergeben, ja, dass diese Fähigkeit … umgekehrt von den Menschen in ihrem Miteinander mobilisiert werden muss, damit dann auch Gott ihnen verzeihen könne.*

Hannah Arendt schlussfolgert: *Gäbe es nicht eine Mitwelt, die unsere Schuld vergibt, wie wir unseren Schuldigern vergeben, könnten auch wir uns kein Vergehen und keine Verfehlung verzeihen, weil uns, eingeschlossen in uns selber, die Person mangeln würde, die mehr ist als das Unrecht, das sie beging … Dass es in dieser Welt eine durchaus diesseitige Fähigkeit gibt, „Wunder" zu vollbringen, und dass diese Wunder wirkende Fähigkeit nichts anderes ist als das Handeln, dies hat Jesus von Nazareth … nicht nur gewusst, sondern ausgesprochen, wenn er die Kraft zu verzeihen mit der Machtbefugnis dessen verglich, der Wunder vollbringt.*

# Hilfe

*Selten oder sozusagen nie entwickelt sich eine Ehe glatt und ohne Krisen zu einer individuellen Beziehung. Es gibt keine Bewusstwerdung ohne Schmerzen.*

C. G. Jung

*Man muss die Liebe erlernen und, um sie zu erlangen, viel Leid ertragen …, und die Reise geht immer zur anderen Seele …*

D. H. Lawrence

Soll man sich in der Krise einer Außenbeziehung Hilfe von außen holen? Unbedingt. Sie sollte allerdings professionell sein. Freunde und Bekannte meinen es zwar mit ihren Interventionen gut, aber sie heizen oft nur die Emotionen an. Männer verbünden sich in dieser Situation leicht gegen die *zickigen Weiber*, Frauen gegen die *schwanzgesteuerten Män-*

SIE SIND RATLOS. ICH AUCH.

*ner.* Laien als Berater meinen es gut, es fehlt ihnen aber der geschulte Blick, die Geduld und, vor allem, der *allparteiliche Blick.* Was heißt das?

Als Therapeut erlebe ich immer wieder eine schnurrige, entlarvende Situation, wenn nämlich nacheinander alle drei Protagonisten des Dreiecksdramas bei mir auftauchen. Da klagt der Mann bewegt über die Frau, die *völlig unerklärlicherweise* fremdgegangen sei. Eckhard sieht proper aus, ist freundlich und sprachlich gewandt. *Ich biete ihr doch alles,* versichert er glaubhaft. Sie sei wohl auf dem *Selbstverwirklichungstrip,* wenig kooperativ und unergründlich in ihren Entschlüssen. Was ihren Freund Dietmar angehe, so sei dieser ein gesinnungsloser Weiberheld und labiler Charakter: *Wie sie auf den nur hereinfallen kann.* Ich nicke bestätigend.

Kurz darauf sitzt die Frau, das „unergründlich bockige Monster auf dem Selbstverwirklichungstrip" vor mir. Britta ist hübsch, heiter und zugewandt. Ich staune. *Eckhard versteht nicht, warum ich mich in Dietmar verliebt habe?* fragt sie empört. *Das habe ich ihm tausendmal gesagt. Er hört einfach nicht zu. Eckhard hängt je-*

*den Abend vor dem Fernseher und hat außer Formel-I-Rennen und seinem Porsche nichts im Kopf. Schon zweimal ist er im letzten halben Jahr gewalttätig gegen mich geworden. Das mache ich nicht mehr mit.* Ich nicke bestätigend.

Schließlich sitzt Dietmar, der „gewissenlose Frauenverführer und labile Charakter“ vor mir. Er ist sportlich, hat ein offenes Gesicht und strahlt Gutmütigkeit aus. Ich staune. *Eckhard,* so sagt er, *ist mit seiner kleinen Firma am Ende, die Insolvenz droht. Er wird seinen Porsche verkaufen müssen. Er lebt in einem Reich der Illusionen. Britta wird aber auch ihren Lebensstil reduzieren müssen. Sie tanzt auf dem Vulkan. Sie macht sich ein schönes Leben und versteht die wahre Not von Eckhard nicht. Er tut so großspurig, weil er in Wirklichkeit klein ist. Ich bin aber auch in Not. Ich liebe Britta, mag mich aber nicht von meiner Frau und meinen beiden Kindern trennen.* Ich nicke bestätigend.

Drei Menschen, drei Wahrheiten. Jeder zappelt wie eine Fliege im Spinnennetz der Beziehung und der ureigenen Verwicklungen. Jeder der Beteiligten in einer Dreiecksbeziehung produziert Projektionen über die beiden anderen. Der Therapeut muss lernen, einen *allparteilichen* Standpunkt einzunehmen. Oft muss er die heikle Frage lösen, den Dritten, die Dritte angemessen in den Klärungsprozess einzubeziehen. Als Therapeut steht man leicht in der Gefahr, entweder eine Ehe unter allen Umständen reparieren zu wollen oder vor den *Mühen der Ebene* (Bert Brecht) zu kapitulieren und vorschnell zur Trennung zu raten.

Allerdings habe ich es nicht selten erlebt, dass mir, wenn ich den Geliebten oder die Geliebte kennen lernte, klar wurde, dass dieser oder diese die „neue“ Wirklichkeit repräsentierte. Die Ehe war beim besten Willen nicht mehr zu halten. Im Grunde saß mir im Dritten der künftige neue Partner gegenüber. Immer wieder erlebe ich alle drei Partner des Geschehens als aufrichtige, verzweifelt um ihren Weg ringende Persönlichkeiten. Das erfüllt mich mit Respekt und verbietet mir moralische Verdammungen und Predigten. *Die Ehe*, sagt der Philosoph Sören Kierkegaard, *ist und bleibt die wichtigste Entdeckungsreise, die der Mensch unternehmen kann.* Aber manche Reisen müssen abgebrochen werden.

Therapeutische Hilfe ist in der Krisensituation der Partnerschaft eine Wohltat. Es entsteht ein geschützter Raum, in dem das Paar sich aussprechen darf und das Zuhören lernt. Ein achtsamer Therapeut wird intervenieren, wenn das Paar aus seiner akuten Verzweiflung heraus vorschnelle Entscheidungen trifft. Wie bei einem depressiven Menschen sollte in der Zeit der Krise im allgemeinen keine lebenswichtige Entscheidung getroffen werden. In der Therapie kann man Fristen setzen – für das Ausschleichen der Außenbeziehung oder die Trennung, für den Umgang mit den Kindern, die man nicht zu Bündnispartnern instrumentalisieren oder als Trostspender missbrauchen darf.

Man kann, Stück für Stück, einen neuen Beziehungsvertrag erarbeiten, Haushaltsarbeit und Freizeit neu einteilen, neue gemeinsame Projekte initiieren, einen Versöhnungsurlaub zu zweit beschließen, den Fernsehapparat herausschmeißen, den Bierkasten verschenken, die Ernährung umstellen, berufliche Überstunden beenden und privat mit Zwiegesprächen beginnen. Wenn sich die Lage allzusehr zugespitzt hat und das Paar sich gegenseitig die Freiheit und Entfaltungsmöglichkeit beschneidet, kann eine freundschaftliche *Tren-*

*nung auf Probe* oder, im eigenen Hause, die Trennung von Tisch und Bett Erleichterung und Raum für neue Lebensexperimente schaffen.

Wichtig ist es, in der Therapie konkrete Maßnahmen im Alltagsleben zu vereinbaren, die *instant hope*, also sofortige Hoffnung auf Entspannung und freundlichen Umgang miteinander, garantieren. Der Regisseur Frederico Fellini bemerkte einmal: *Die Ehe ist ein Spielplan mit gleichbleibendem Repertoire. Folglich sollte man wenigstens die Inszenierung ändern.* Genau darauf kommt es in der Krise an: Das alte Ehestück ist stinklangweilig und verlogen geworden. Es braucht eine radikale Neuinszenierung und neue Kulissen.

Fast immer biete ich in der Paarkrise auch für jeden der beiden eine Einzeltherapie an. Denn „Täter" und „Opfer" bringen je eine Einzelgeschichte mit, eine meist unverarbeitete Biografie, kindliche Traumen, die, wie jetzt sichtbar wird, die Beziehung belasten. Das Paar sieht sich nämlich meistens mit mindestens *drei* Krisen konfrontiert – der Beziehungskrise, der Krise des Mannes und der Krise der Frau, ja, manchmal noch mit der verborgenen Krise der dritten betroffenen Person. Dieser tut, wie ich immer wieder erlebe, die Beratung mindestens ebenso gut. In der ruhigen Atmosphäre der Paar- und Einzeltherapie kristallisiert sich in einem geduldigen Prozess nach und nach der neue Weg heraus. Es geht im Kern um die Entwicklungsdynamik von mindestens zwei, oft drei Menschen.

Wer kann von Anfang an sagen, ob die Weiterentwicklung in der alten Beziehung oder in einer Trennung zu verwirklichen ist? Als Therapeut verstehe ich mich nicht als Anwalt der Beziehung um jeden Preis, sondern als Vertreter der schöpferischen Entwicklung. Der Suchprozess ist offen, das Leben bahnt sich, wie die Schneeglöckchen im Januar, seinen eigenen Weg durch die Verkrustungen des Gestern in das Morgen der Zukunft. Erneuerung, aber auch Trennung gehören zur seelischen Evolution des Menschen. Wo eine Beziehung nicht mehr lebensfähig ist, kann man nicht untreu sein, man ist nur noch konsequent. Treueforderung und Treueverpflichtung sind nur sinnvoll, solange die Beziehung als lebensförderlich und nicht lebensvernichtend empfunden wird.

Das Leben ist Bewegung. *Alles fließt*, wie der Philosoph Heraklit schon vor zweieinhalbtausend Jahren erkannte. Es mag grausam klingen, aber man steigt nicht, um mit dem antiken Philosophen zu sprechen, zweimal in den gleichen Fluss. Auch Beziehungen dürfen enden.

Manche Paare besuchen auch Kurse im Rahmen eines *Marriage encounter* (Ehe-Paar-Seminar). Frau und Mann erhalten Fragen zur Beziehung. Sie beantworten sie getrennt. Dann kommen sie wieder zusammen und lesen sich gegenseitig ihre „Liebesbriefe" vor. Sie trennen sich erneut, beantworten den Brief des Partners, treffen wieder aufeinander und lesen sich die nächsten „Liebesbriefe" vor. Dabei lernen sie den Dialog über die brennendsten Themen ihrer Beziehung. Sie lernen sich selbst und den anderen kennen. Sie äußern sich erstmalig genau und einfühlsam und zeigen ihr Innerstes. Strikt verboten sind Beleidigungen, Schuldzuweisungen und Unterstellungen. Beide analysieren die Schwächen und Stärken ihrer Ehe, die EKG-Kurve ihres Beziehungsverlaufes, die Klippen und die noch ungenutzten Quellen ihrer Liebe. Dabei stoßen sie oft bei ihren Bohrungen auf unermessliche neue Bodenschätze.

*Inventur* und *Schattenarbeit* sind die Inhalte guter Paar- und Einzeltherapie. Hier finden Frau und Mann Antworten auf Fragen wie: *Warum habe ich dich geheiratet? War unsere Beziehung von Anfang an eine Mesalliance? Ist sie im Laufe der Jahre vertrocknet? Woran ist meine Liebe zu dir verkümmert? Wie kann sie wieder befruchtet werden?*

Das ist oft eine kriminalistische Spurensuche voller Aha-Erlebnisse und Entdeckungen. So wurde einer feinsinnigen, gebildeten Dirigententochter im Verlauf der Einzeltherapie bei mir klar, dass sie ihren Mann, einen lebensuntüchtigen und erfolglosen Gelegenheitsschauspieler, im Sinn einer *Protestwahl*, also als Affront gegen die eigene Herkunftsfamilie, gewählt hatte. Mit dem „haschenden Hippie", der eine Bruchbude bewohnte, revoltierte sie gegen den akademischen Dünkel ihrer Eltern. Inzwischen waren die Eltern längst tot, der Hippie ein langweiliger Glatzkopf geworden und eine Liebe aus Protest unnötig wie ein Kropf. Prompt verliebte sich meine Klientin – in einen feingeistigen Musiker!

Ich könnte viele Beispiele solcher *Kollusionen*, also geheimer Beziehungsspiele, anführen. Der Seitensprung bringt diese jahrelangen *Spiele der Erwachsenen* (Horst-Eberhard Richter) oft unfreiwillig ans Licht. Es würde mich beispielsweise interessieren, warum der französische Staatspräsident François Mitterand neben seiner Ehe eine komplette *Zweitfamilie* mit Frau, unehelicher Tochter und einer Wohnung mit einem für ihn reservierten Arbeitszimmer unterhielt. Dieses Geheimnis hat der krebskranke Staatsmann mit ins Grab genommen.

Sich therapeutische Hilfe zu holen, bedeutet auch, sich über den eigenen Beziehungstyp klarzuwerden. Was heißt das? In der ersten Paarsitzung, besonders vor dem Hintergrund einer Seitensprungkrise, bitte ich Frau und Mann, nacheinander einmal spontan die gewünschte Beziehungsskulptur aufzustellen, also durch eine Visualisierung, wie im Gestus eines Denkmals, zu verkörpern, *wie ich mit dir durchs Leben gehen will.* Sie dürfen hierbei den Partner wie eine Marionette in eine gewünschte Position bringen und sich selbst dazu positionieren.

Oft, besonders bei Paaren jenseits der Lebensmitte, passiert Folgendes: Der Mann stellt sich eng neben seine Frau und umklammert sie mit beiden Armen. Das ist zwar liebevoll, aber es gibt ihr keine Luft. Auf meine Aufforderung, *Versucht einmal, in dieser Position einige Schritte auf mich zuzugehen*, kommt das Paar prompt ins Stolpern. Die Frau wiederum stellt sich bei ihrer Wunschskulptur etwas entfernt neben den Mann. Sie berührt nur mit den Fingerspitzen ihres ausgestreckten linken Armes die ihr entgegengereckten Handspitzen des rechten Armes des Mannes. Schlagartig wird klar: Der Mann neigt in seiner Skulptur unbewusst zur symbiotischen, verklammerten und harmonisierenden Beziehungsform, die Frau zum distanzierten, freieren, vermutlich konflikfähigeren Beziehungsmodus. Solange das beiden nicht klar ist, werden sie sich an diesem Gegensatz reiben. Die Frau wird gegebenenfalls die Außenbeziehung als einen archimedischen Hebel benutzen, um die Beziehungsenge aufzubrechen.

Der Hamburger Paartherapeut Michael Mary hat (in *Fünf Dinge, die Liebe betreffend*) fünf Beziehungsformen als psychologische

Grundtypen präsentiert und erforscht. Das mag nicht der Weisheit letzter Schluss sein. Es ist immer ein problematisches Unterfangen, die Komplexität menschlichen Handelns, besonders in langjährigen Beziehungen, zu *kalibrieren*, in ein regulatives Schema nach Art einer DIN-Norm zu zwängen. Aber Mary öffnet uns Liebenden dafür die Augen, dass es nicht eine einzige verbindliche Beziehungsformel gibt, sondern unterschiedliche, zum Teil schroff gegensätzliche Wege, die Liebe zu leben. Es dürfte für dich, liebe Leserin, lieber Leser, spannend sein, in welcher der von Mary anhand vieler Fallvignetten illustrierten Beziehungsformeln du dich und deinen Partner wiederfindest:

*Arrangierte Beziehungen.*
*Distanzierte Beziehungen.*
*Serielle Beziehungen.*
*Parallele Beziehungen.*
*Kontrolliert freie Beziehungen.*

Unter *arrangierten Beziehungen* versteht Mary exklusive Lebenspartnerschaften, in denen sich Partner von der Heirat bis zum Tod bedingungslos treu sind. Sie arrangieren sich dabei auch mit der sexuellen Langeweile und den erotischen Durststrecken, Sie machen sich damit wenig Leistungsdruck. Manchmal leben sie sogar sexlos. Wichtig ist ihnen vor allem die unverbrüchliche Sicherheit ihrer Ehe, das bedingungslose Vertrauen zueinander. Dafür nehmen sie, leichten oder schweren Herzens, den Verlust der erotischen Intensität, Spontaneität oder Freiheit in Kauf. Das ist bei ihnen weniger eine moralische Frage, sondern der Ausdruck eines tiefsitzenden seelischen Stabilitätsbedürfnisses. Das ist einfach so.

Wo steht geschrieben, dass eine Ehe mit schwacher oder überhaupt keiner Sexualität unbedingt eine schlechte Beziehung sein muss? Gewiss, gelebte Leidenschaft und erotisches Begehren sind etwas Großartiges. Aber haben wir nicht zu respektieren, dass sich ein Paar davon überfordert fühlt? Wir stecken nicht in der Haut dieses Paares. Mary: *Warum sollte sich ein Mensch nicht zeitweise oder auch ganz und gar von einer Sexualität distanzieren, wenn sie ihm lästig geworden ist? Wenn sie ihn überfordert? Fallen ihm dann die Haare aus? Wird er zwangsläufig unglücklich?* Immer wieder erlebe ich auch Paare, jenseits der sechzig, die mir glaubhaft versichern: *Die Sexualität ist kein Thema mehr für uns. Wir haben uns lieb. Das genügt.*

Im Idealfall sollte ein Paar immer wieder Kraft und Neugier in die Entfaltung einer lebendigen Sexualität investieren. Meist gilt die Faustregel: Je vitaler eine Beziehung, desto spannender ihre Sexualität. Trotzdem darf man auch das zu keinem Dogma machen. Aus meiner paartherapeutischen Erfahrung möchte ich davor warnen, Partnerschaft und sexuelle Leidenschaft in jedem Fall gleichzusetzen. Es gibt durchaus tiefe Liebe ohne Sexualität, aber es gibt wohl keine Liebe ohne Zärtlichkeit. Es ist das gute Recht eines Paares, Sexualität hinter sich zu lassen.

Julia Onken meint in ihrem vorzüglichen Frauenbuch *Altweibersommer. Ein Bericht über die Zeit nach den Wechseljahren* dazu: *Es gibt Paare, die diesen Weg bewusst und in großer gegenseitiger Wertschätzung gehen. Sie entwickeln eine zärtliche Fürsorge füreinander und sind sich herzlich zugetan. Es ist sehr zu bedauern, dass eine Partnerschaft, die aus einer leidenschaftlichen Phase herausgereift ist und sich zu einer wohlmei-*

*nenden Geschwisterlichkeit entwickelt hat, nicht selten belächelt wird: Die haben sicher keinen Sex mehr, das ist ja gar keine richtige Ehe mehr! Viele lassen sich durch solche Sprüche verunsichern. Auch die Medien tun ihr übriges dazu, wenn sie immer wieder verbreiten, dass zu einer guten Partnerschaft auch Sexualität gehöre. Nicht die sexuelle Frequenz ist für das Gelingen einer Partnerschaft wichtig, sondern die seelische Intimität, die Nähe und Offenheit, die füreinander möglich sind.*

Im Gegensatz dazu gestalten andere Paare in der *distanzierten Beziehung* genau jenen räumlichen und psychischen Abstand, den sie brauchen, um immer neu Neugier, Erregung und Leidenschaft auf- und füreinander zu empfinden. Sie haben einen Horror vor den einschläfernden Gewohnheiten des Alltags, der Übervertrautheit, den Macken des anderen. Sie leben in getrennten Wohnungen und haben eigene Freundeskreise. Sie etablieren bewusst den Abstand zwischen sich, das Alleinsein, um wieder aufeinander zuzugehen und in der Grenzüberschreitung Erfüllung und Eros zu finden. Dabei sind sie sich sexuell treu.

Auch sie zahlen einen Preis für diese Lebensform des *apart together*, des Getrennt-Zusammenseins. Sie verzichten auf Bequemlichkeit, stützende Routine und Geborgenheit. Die Zahl der *distanzierten Beziehungen* nimmt in den letzten Jahrzehnten und vor allem bei älteren Paaren deutlich zu. Sehr viele ältere Paare, die ich befrage, wünschen sich, wenn sie ehrlich sind, am liebsten zwei getrennte Wohnungen im gleichen Haus oder um die Ecke. Ich rate ihnen auch gerne dazu.

Zwei prominente Zeitgenossen haben das vorgemacht: Als der verstorbene Pastor Albertz, früher Regierender Bürgermeister von Berlin, und seine kluge Frau im Alter Logis in einem Bremer Seniorenheim bezogen, drängte Frau Albertz darauf, kein gemeinsames Appartement zu nehmen, sondern zwei getrennte Wohneinheiten. Sie wollte nicht länger die „Dame des Hauses" im Hintergrund spielen, sondern eine eigenständige Existenz leben. Frei nach Nietzsche (*Menschliches, Allzumenschliches*): *Gute Ehen wären häufiger, wenn die Ehegatten nicht immer beisammen wären.*

Die *seriellen Beziehungen* wiederum erleben wir ganz illuster bei Politikern wie Gerhard

Schröder und Joschka Fischer, die, einem Wort Schröders zufolge, die Leidenschaft wechseln und erneuern. In der Soziologie spricht man von einer *Lebensabschnittspartnerschaft*, die zeitlich begrenzt ist. Wenn sich die zarte Essenz des Eros wie der Weingeist aus der Flasche verflüchtigt, ist die eine Monogamie, wörtlich Einehe, zu Ende und die neue beginnt. Schröder, zum dritten Mal verheiratet, bekundete, er wechsele *alle zwölf Jahre, dazwischen bin ich treu.* Seine Ex-Frau Hiltrud Schröder hat allerdings auch nicht lange gefackelt: Als sie seine Außenbeziehung mit der jüngeren Doris entdeckte, stellte sie ihm den gepackten Koffer mit seiner notwendigsten Leibwäsche vor die Türe, und der mächtige Ministerpräsident Niedersachsens musste im Gästehaus seiner Regierung nächtigen …

Natürlich zahlen auch die ehelichen Serientäter, die von der *Halbwertszeit des Begehrens* sprechen und wie Joschka Fischer zum vierten Mal auf das Karussell der *Großen Liebe* steigen, ihren Preis: den Verzicht auf die Verlässlichkeit einer bis zum Tod währenden Lebenspartnerschaft. Zu einem Zeitpunkt, an dem in den Großstädten jede zweite Ehe geschieden wird und zwei Drittel der Antragsteller auf Scheidung Frauen sind, schiebt sich die serielle Beziehung ins Spitzenfeld der Lebens- und Liebesformen vor.

Was früher der Aristokratie und dem Großbürgertum vorbehalten blieb, die *parallele Beziehung*, damals in der privilegierten Männerform der *Mätresse* und der *Geliebten*, erlebt heute eine allgemeine Erweiterung und Demokratisierung. Wer weder die *distanzierte Beziehung* in getrennten Domizilen, noch die *serielle Beziehung* mit ihren Irritationen mag, der wählt unter den pluralistischen Lebensangeboten heute oft auch diese Beziehungsform. Sie bedeutet das Nebeneinander von *Hauptbeziehung* und *Zweitbeziehung*, von *Hauptpartner* und *Nebenpartner*. Das kann heimlich geschehen, sodass nur einer, in einem stillschweigenden Pakt mit sich selbst, diese Form wählt und jahrelang, manchmal jahrzehntelang neben der Ehe eine ebenso treue Außenbeziehung unterhält und dafür dankbar ist. Eine verschwiegene Dreiecksbeziehung also. Der Dichter Gottfried Benn, ein erotischer Streuner aus Prinzip, formulierte trocken: *Gute Regie ist besser als Treue.*

Bei besonders toleranten Paaren kann die *parallele Beziehung* auch eine offene oder stillschweigend geduldete Vereinbarung sein. Manchmal ist sie schmerzhaft für den Partner, manchmal entlastet sie auch. Manchmal gibt es statt einer Dreiecksbeziehung auch ein Parallelogramm, das heißt, beide Partner führen eine offene Ehe mit jeweils einem Liebespartner draußen. Das kann funktionieren, kann aber auch chronische Reibungen verursachen. Oft stellt es eine Art emotionaler Arbeitsteilung dar: In der Ehe wird die Verlässlichkeit, die Gemeinsamkeit der Interessen, die Kinder, Freunde und sozialen Kontakte genossen, in der Außenbeziehung die erotische Intimität. Ekstase und Zärtlichkeit, Abenteuer und Leidenschaft, Experimentierfreude und Grenzüberschreitungen sind hierbei im Spiel. Solche Paare sind oft spannend. Sie sind nicht unbedingt defizitär. Sie bilanzieren nüchtern, dass sie in der Beziehung keinen *Kick* mehr bekommen, dass sie sich aber schätzen und auf keinen Fall die Beziehung beenden möchten. Manchmal gehen solche Liebenden, dankbar für ihre Freiheit, ungewöhnlich achtsam miteinander um. Sie lehnen die sexuelle Treue ab und favorisieren stattdessen die *emotionale Treue*. Sie sind unkonventionell.

Wer möchte sich zum Richter *paralleler Beziehungen* aufschwingen! Diese Lebensformen gibt es einfach. Wir haben das zu respektieren. Nicht selten erlebe ich auch Frauen, die in einer Nebenbeziehung ihre lesbische, Männer, die mit einem Freund ihre schwule Sehnsucht leben. In diesem Fall wird die Bisexualität nicht zu einer Tragödie, sondern zu einem emotionalen und sexuellen Mehrwert. Es sind fast immer differenzierte Menschen, die eine *parallele Beziehung* leben. Oft profitiert der Partner, bewusst oder unbewusst, sogar davon. Eine Frau gestand mir: *Neben der Ehe genieße ich die körperliche und seelische Liebe zu meiner Freundin. Das macht mir immer wieder auch Schuldgefühle. Deshalb behandele ich meinen Mann besonders nett, auch im Bett.*

Doris, eine liebe Klientin von mir, die auf die siebzig zuging, musste erleben, dass sich ihr Gatte, ein dynamischer Geschäftsmann, einer zwanzig Jahre jüngeren Frau zuwandte. Er wollte aber unbedingt in der Ehe bleiben, von einer Trennung war keine Rede; auch Rita, die Geliebte, betrachtete das Arrangement als eine Lebensübergangslösung. Heinz blühte an Rita auf, verwöhnte sie finanziell, denn Geld war genug da. Natürlich litt Doris, aber sie hing an ihrem Heinz und selbstverständlich auch an dem gemeinsam erworbenen hohen Lebensstandard, den luxuriösen Kreuzfahrtreisen und der Freiheit, die sie genoss. Denn Heinz ließ Doris schalten und walten, wie ihr beliebte.

Anstatt aus der Dreiecksgeschichte eine Tragödie zu machen, verwöhnte sich Doris. Sie ließ Heinz am Wochenende zu seinem erotischen Jungbrunnen Rita ziehen. Sie verlebte aber, wochentags und in den Urlauben, schöne, respektvolle und spannende Stunden mit ihm. Natürlich litt sie auch unter der Konstellation. Deshalb kam sie zu mir. Aber sie ging noch einen Schritt weiter. Sie gewährte sich selbst eine Art *parallele Beziehung*, wenn auch eine platonische. Sie verliebte sich in Sven, einen dreißig Jahre jüngeren blonden Reisebegleiter, der sie als mütterliche Freundin liebgewann. Sie machten, wiederum mit Duldung von Heinz, gemeinsame Reisen miteinander. Sven ging sogar bei Heinz und Doris ein und aus und fand wohlwollende Aufnahme beim Hausherrn. Heinz empfand seine Rita, Doris ihren Sven nicht als Ausrutscher, sondern als tiefe Bereicherung. Allerdings war die fragile Konstellation nicht von Dauer. Nach einigen Jahren löste sich Rita von Heinz. Dieser kehrte zu Doris zurück. Doris hielt an ihrem platonischen Liebhaber fest. Das ist ausgleichende Gerechtigkeit. So ist das Leben.

Menschen in *parallelen Beziehungen* haben die Vorstellung aufgegeben, *alles* von *einem* Partner zu bekommen und *alles einem* Partner geben zu können. Daraus ziehen sie ihre Konsequenzen. Ihre Treue gründet auf Lebendigkeit, nicht auf konventionellem Zwang. Vergessen wir nicht: Je weniger ein Mensch seiner selbst sicher ist, desto mehr saugt er die Sicherheit aus der Partnerschaft wie ein Vampir aus den Adern seines Opfers. Zentrieren sich die Partner von *arrangierten Beziehungen* stark um den Pol der *Bindung*, so zeigen sich die Liebhaber der *parallelen Beziehungen* von dem Gegenpol der *Freiheit* magnetisch angezogen. Beide zahlen für ihren polaren Aufenthalt ihren Preis, die Bindungsanhänger den der großen Freiheit, die Freiheitsjünger den der bombenfesten Bindung. Eine Idealbeziehung, die alle Probleme löst, gibt es nicht.

Als den fünften Beziehungsmodus bezeichnet Michael Mary die *kontrollierte freie Beziehung*. Sie teilt mit der *parallelen Beziehung* das Bestehen auf sexuelle Freiheit, agiert sie aber nach Absprache kontrolliert, manchmal sogar gemeinsam aus. Nach Absprache kann bedeuten, dass sich Paare, stillschweigend oder explizit, Seitensprünge auf getrennten Urlauben, Kreuzfahrten, Fortbildungen und Tagungen einräumen. Das entspricht etwa dem, was der Engländer O'Neill bereits in den sechziger Jahren als *offene Ehe* proklamierte.

Die organisierte und gemeinsame Sexualität praktizieren Paare heute vor allem in den Swinger-Clubs. Vor Jahren habe ich diese für außerordentlich exotische, selten vorkommende Etablissements gehalten. Dann wurde mir der Irrtum bewusst. Es dürften abertausende von Frauen und Männern sein, die Swinger-Clubs zum Sex mit anderen Partnern frequentieren. Paare berichten mir davon mit Selbstverständlichkeit. Man hüte sich vor vorschnellen Verurteilungen.

Paare, die ihre sexuellen Bedürfnisse so zu

leben wagen, sind in der Regel kommunikativ und offen. Sie gehen radikal ehrlich miteinander um. Sie sprechen und tauschen sich über ihre Bedürfnisse aus, was bei den Paaren in *arrangierten Beziehungen* meist ein Tabu ist. Diese kennen nicht einmal ihre gegenseitigen erotischen Fantasien und schweigen eisern über die wilden Impulse ihrer Sexualität. Paare mit *kontrollierter Sexualität* entwickeln dagegen oft eine gewisse erotische Kultur und Ausstrahlung. Sie gewinnen durch ihre sexuellen Exkursionen ein hohes Vertrauen zueinander. Sie schützen ihre eheliche Intimität, indem sie ihre drängende Sexualität leben, sich mitteilen und die Lust unter den Augen des anderen gestalten.

Zurück zum Thema: Sich therapeutische Hilfe holen heißt, über sich, den Partner und die Beziehung Klarheit zu gewinnen. Auch die Teilnahme an einer Gruppentherapie kann dazu helfen. Hier besteht die einmalige Möglichkeit, aus dem Gefängnis der Seele auszubrechen und das eigene Beziehungsverhalten mit dem von anderen zu vergleichen, die eigene Weiblichkeit oder Männlichkeit lustvoll zu entdecken und verjüngter und selbstbewusster in die Partnerschaft zurückzukehren.

In einer guten Therapie, ob Einzel-, Paar- oder Gruppentherapie, sollte man, besonders als Mann, endlich auch oder wieder die Kunst erlernen, dem Partner Liebesbriefe zu schreiben. In der Therapie haben Frauen und Männer die Chance, eine Außenbeziehung zu entdämonisieren. Sie ist nichts Teuflisches, sie ist menschlich. Sie ist keine höhere Macht, sondern erklärbar. Kein „Alien", kein Außerirdischer, steht vor der Tür, sondern eine Jutta oder ein Franz.

Nach so viel Theorie, liebe Leserin, lieber Leser, darfst du an dieser Stelle auch einmal lachen. Ich schenke dir das Gedicht von Miriam Frances:

*Ich bin die Frau, mit der Ihr Mann was hat*

*Ich bin die Frau, mit der Ihr Mann was hat,*
*nach deren Foto Sie in seinen Taschen suchen,*
*die Sie an Abenden wie heut' verfluchen,*
*wir können reden, er ist grad im Bad.*

*Ich bin die, über die Sie die Nase rümpfen,*
*denn Sie, Sie gingen niemals fremd.*
*Sei'n Sie doch ehrlich, Sie sind nur verklemmt,*
*dass ich es nicht bin, zählt zu meinen Trümpfen.*

*Und dabei brauchten Sie nicht Angst zu haben,*
*er lässt Sie meinetwegen nicht im Stich.*
*Ich weiß, er braucht Sie ebenso wie mich,*
*Bescheidenheit zählt nicht zu seinen Gaben.*

*Im Gegenteil, Sie sollten mir oft danken,*
*denn wenn er hier ist, treibt er sich nicht rum.*
*Sie wissen ja, er braucht stets Publikum*
*und den Applaus, um ganz neu aufzutanken.*

*Und dabei wünscht' ich oft, er würde gehen.*
*Er nimmt viel mehr, als er mir geben kann.*
*Er ist so selbstgefällig, nichts als Mann,*
*doch hab' ich Angst, ihn gar nicht mehr zu sehen.*

*Dann fang' ich an, Sie etwas zu beneiden,*
*weil Sie es sind, die ihm die Brötchen schmiert,*
*an deren Seite er ins Fernsehn stiert,*
*kann er sich da genauso schwer entscheiden?*

*Im Übrigen, wir sollten uns vertragen,*
*weil wir doch beide sehr betroffen sind.*
*Sagt er zu Ihnen auch: mein liebes Kind?*
*Und: Kann ich das Rezept für Knödel haben?*

*Sie fragen oft, was er wohl an mir findet?*
*Die Antwort ist mir selber ziemlich klar.*
*Es ist das Alter, Beine, Haut und Haar*
*und der Verdacht auf Liebe unbegründet.*

*Er glaubt bestimmt, das würde mir genügen.*
*Das dachten Sie bis heute sicher auch.*
*Doch existiere ich auch oberhalb vom Bauch,*
*und da hoch oben kann man auch betrügen.*

*Nun machen Sie sich bitte keine Sorgen,*
*er wird gleich kommen und sehr müde sein.*
*Wahrscheinlich schläft er auf der linken Seite ein,*
*nun, gute Nacht, und vielen Dank fürs Borgen.*

Aus: *Hans Christian Rohr, (Hrsg.),*
*Das Buch der Untreue, München 1992*

# Aufbruch

*Lusttrieb, maskiertes Begehren, inszenierte Sexualität, emotionale Wünsche, Rollenverteilung, psychische Dynamik, familiäre Aufgaben, Erlösungshoffnungen, individuelle und gesellschaftliche Mythen … Zwischen diesen Kräften und Faktoren bewegen sich die Partner, und von ihnen werden sie hin und her geworfen. Durch dieses Spannungsfeld kann man nicht hindurch, ohne gegen Wände zu laufen, über Stricke zu stolpern, in Gruben zu fallen.*

Michael Mary,
Fünf Lügen, die Liebe betreffend

S*eitenbeziehungen*, so urteilt der bekannte Therapeut Michael Cöllen, *können auch rechtschaffen, gesund und notwendig sein.* Das mag für manchen starker Tobak sein. Aber Entrüstung ist hier fehl am Platz.

AHA, SIE SIND DAS
NA GUT, DANN
NEHME ICH HALT
ZWANZIG KILO AB

Sonst geht es uns so wie der Tochter und dem Sohn der Titelheldin in dem Film „Die Brücken am Fluss“ (mit Meryl Streep und Clint Eastwood). Sie sind entrüstet, als sie nach dem Tod der Mutter ein Tagebuch mit Aufzeichnungen über deren heimliche Liebe zu einem Fotografen finden. Es war eine Außenbeziehung der braven verheirateten Farmersfrau. Als die erwachsenen Kinder das Tagebuch lesen, entdecken sie das Geheimnis einer wundervollen Liebe, auf die die Mutter am Ende verzichtet hat.

Der erfahrene Psychologe Cöllen, trifft eine von allen Therapeuten immer wieder beobachtete seelische Wahrheit, wenn er registriert, *dass eine Seitenbeziehung oft heilsam und befreiend ist, manchmal auch als letzter Rettungsanker für das sonst völlig demolierte Selbstwertgefühl dient.* Das Fremdgehen ist sozusagen, wie mir Menschen immer wieder versichern, eine Reparaturwerkstätte für das Selbstbewusstsein und die oft beschädigte Würde eines Menschen. *Ich war ganz unten*, so brachte eine Klientin von mir ihre heiße Affäre auf den Punkt, *jetzt bin ich wieder oben.*

Cöllen wertet das außereheliche Liebesverhältnis im Rahmen einer langen Beziehung nicht nur als Krisensymptom, sondern auch als *Ausdruck des gesunden Lebens und der Lebenskraft des Einzelnen.* Hermetisch abgeschlossene Partnerschaften haben nach Beobachtung wohl aller Paartherapeuten die Tendenz zur Erstarrung und Dekompensation. Jede Paarbeziehung durchläuft nach Cöllen Phasen der Hingabe wie der Differenzierung zu- und voneinander. Er schreibt (in *Heilende Partnerschaft*): *In der Realität gibt es keine absolute Treue. Der Mensch ist nicht statisch, sondern er wandelt sich ständig und kann nicht für alle Zeiten auf die Gefühle, die er am Beginn einer Partnerschaft erlebt, festgelegt werden.*

Trotzdem muss eines noch einmal unmissverständlich klargestellt werden: Wenn jemand entdeckt – ob Frau, ob Mann –, dass er mit einem chronischen Fremdgänger liiert ist, dann sollte er nicht bis zum Sankt Nimmerleinstag auf Besserung hoffen, sondern Konsequenzen ziehen und gehen.

Die mosaischen Gesetze, wonach Ehebrecherinnen gesteinigt werden, haben ausgedient. Die patriarchale Doppelmoral, nach der der Hausherr mit jeder Magd schlafen durfte, die Ehefrau aber nach einer Liebe zu einem anderen Mann mit der Todesstrafe rechnen musste, ist als eine erbärmliche Lüge durchschaut. Bereits der Dichter Giovanni Boccaccio (1313–1375) berichtete, gegen die Gesinnungsdiktatur der römischen Kirche gerichtet, in seinem *Dekamerone*, einer meisterlichen Sammlung von hundert Novellen, fröhlich vom Geschick der Frauen, ihre, meist dummen und senilen, Männer zu betrügen.

Im altindischen *Papageienbuch*, einer Art asiatischem *Dekamerone*, überlässt ein Mann, der auf Reisen geht, seine junge Frau der Obhut eines gelehrten Papageis. Jede Nacht will die Schöne ihren Liebhaber aufsuchen. Abend für Abend erzählt ihr der Wundervogel jedoch eine so spannende Geschichte, dass sie bleibt und ihr Stelldichein verpasst …

Es ist nun einmal so, dass die Außenbeziehung von den Liebenden als eine überwältigende Befreiung erlebt wird. Mich macht es immer hellhörig und misstrauisch, wenn Menschen über außereheliche Affären die Nase rümpfen und moralisch in Entrüstung geraten. Lässt das nicht Rückschlüsse auf die Verurteilenden und ihre nicht gelebte Emotionalität und Sexualität zu? Schon der Ironiker La Rochefoucauld (1613–1680) erkannte: *Die moralische Entrüstung besteht in den meisten Fällen aus zwei Prozent Moral, achundvierzig Prozent Hemmungen und fünfzig Prozent Neid.*

Die Engländer haben für den Vorgang des Sich-Verliebens den schönen Ausdruck *to fall in love* gefunden. Man fällt gleichsam in die Liebe wie durch eine Falltüre. Kann ich, wenn ich ehrlich bin, ausschließen, dass ich mich in den nächsten Jahrzehnten irgendwann einmal in einen anderen Menschen verliebe? Julia Onken meint (in *Die Kirschen in Nachbars Garten*) mit ihrem nüchternen helvetischen Realismus dazu: *Das Thema Fremdgehen, in welcher Form auch immer, ist beim Bau einer stabilen Partnerschaft auf alle Fälle ein Faktor, der nicht aus dem Bewusstsein ausgeblendet werden darf. Wenn wir uns ins Auto setzen, rechnen wir zwar nicht damit, dass wir in einen Unfall verwickelt werden, führen aber diese Möglichkeit mehr oder weniger immer in unseren Gedanken mit. Trotzdem machen wir uns auf die Reise und gehen dieses Risiko ein. Sich auf eine Partnerschaft einzulassen, bedeutet schließlich, sich wirklich allen Risiken, die damit verbunden sind, zu stellen und sich mit den Schwierigkeiten, die eventuell eintreten könnten, bereitwillig auseinanderzusetzen. Der Fremdgeh-Faktor ist grundsätzlich als eine mögliche Beziehungsgefährdung mit einzuplanen.*

Liebe ist Suchbewegung und kein Sicherheitsinstitut. Noch einmal Julia Onken: *Es nochmals miteinander versuchen heißt, das Wagnis einzugehen, zu leben – und zwar mit allem, was dazugehört. Wer sich absichern möchte, sollte sich besser für den Rest seines Lebens ins Bett legen und eine neue Lebensversicherung abschließen, als sich nochmals auf eine Beziehung einzulassen. Mit angezogenen Bremsen kommt man nicht vorwärts.*

Wir leben in einer Zeit der Fragmentarisierung und Individualisierung der Lebensläufe. Wir haben, mit dem Soziologen Ulrich Beck zu sprechen, das *alltägliche Chaos der Liebe* auszuhalten. Wir sind Fundamentalisten des Gefühls. Wir setzen in der Beziehung ausschließlich auf das Gefühl der Liebe. Sie ist eine zarte Flamme und will immer wieder erneut angefacht werden. Wir sind als Paar, im Gegensatz zu früheren Generationen, von keinen verbindlichen religiösen, standesmäßigen, geschlechtstypischen oder konventionellen Normen mehr gehalten. Wir müssen das Abenteuer der Freiheit und die Robinsonade unserer Beziehungsinsel allein wagen. Die Beziehungsformeln sind buntscheckig und wechselnd. Jedes Paar erlebt sie anders und im Zyklus seiner Beziehungsphasen unterschiedlich. Das Leben ist eine Baustelle.

Ein Paar, das sich in einer *arrangierten Beziehung* lange wohlgefühlt hat, wechselt, vielleicht durch eine Außenbeziehung aufgewacht, zu einer *distanzierten Beziehung*, wie ich das in meinem Buch *FreiRaum. Ein Zimmer für mich allein* beschrieben habe. Oder der unstete Liebhaber *serieller Beziehungen*, der auch schon *parallele Beziehungen* ausprobiert hat, einigt sich mit seinem Partner auf *kontrolliert freie Beziehungen.* Sie alle, wie immer sie auch experimentieren, müssen durch die Phase der „Ent-Täuschung“ der Liebe. Sie lernen zu begreifen, dass kein Partner auf dieser Welt alle Wünsche erfüllen kann und dass sie selbst auch ihm gegenüber dazu nicht in der Lage sind. Die Liebe wird mit dieser Erkenntnis demütiger, realistischer, vielleicht auch dankbarer. Man weiß, was man nicht hat und was man nicht bekommt, aber man ist auch stolz auf die Besitzstände der Partnerschaft.

Als die Presse Manfred Krug auf seine frühere Geliebte und die mit ihr gezeugte, inzwischen vierjährige Tochter Marlene und auf den Zustand seiner Ehe mit Ottilie Krug befragte, antworteten der Schauspieler und seine Frau gemeinsam: „Wie seit vierzig Jahren. Sie ist harmonisch und liebevoll. Was glauben Sie, wie viele uneheliche Kinder es auf der Welt gibt, deren Dasein nichts am Fortbestehen irgendwelcher Ehen geändert hat."

Idealisierungen sind immer lebensgefährlich, Realismus ist das Brot der Alltagsliebe. Es ist auch nicht entscheidend, ob du, liebe Leserin, lieber Leser, eine Affäre enthüllst – es gibt, wie wir sahen, ebenso gute Gründe dafür wie dagegen –, sondern dass du mit Hilfe dessen, was du in deiner neuen Liebeserfahrung gelernt hast, deiner Partnerschaft *Korrektur, Stärke und Tiefe* gibst.

Die Außenbeziehung bedeutet oft die Befreiung aus dem existenziellen Frust und die Wiederentdeckung des eigenen Selbst und des Beziehungsselbst. Das Rumpelstilzchen entdeckt sich wieder als begehrenswerten Mann. Aus dem gut funktionierenden Aschenputtel wird eine strahlende Prinzessin mit prickelnder Sektlaune. Die Beziehung selbst blüht wieder auf wie ein frisch gedüngter Rosenbusch. *Wir schäkern wieder wie Jungverliebte*, vertraute mir ein Mann nach der Affäre seiner Frau und dramatischen Wochen der Diskussion an, *wir reden Tag und Nacht miteinander, und unsere Kinder sind ganz aus dem Häuschen.*

Wenn zwei Menschen nur noch aus Gewohnheit zusammenleben, mürrisch ihre Pflicht tun und verlernt haben, über ihre eigenen Bedürfnisse und die Entfaltung ihrer Beziehung nachzudenken, dann mögen sie brav und äußerlich angepasst sein, aber innerlich bilden sie ein totes System. Manchmal ist die heimliche Liebe eine Art chirurgische Operation. Der oder die Beziehungsfrustrierte entfernt damit abgestorbenes Gewebe, um seelische Wundheilung zuzulassen. Er tritt mit dieser neuen Liebe ein Stück von seiner alten Beziehung zurück, denkt nach. Er fühlt neu und kehrt in den gemeinsamen Alltag zurück. Er oder sie hat Entwicklungsanstöße und neuen Mut bekommen. Wer zum komplizierten dialektischen Zusammenhang von Außenbeziehung und Ehe einen psychologisch sensiblen modernen Roman lesen möchte, der greife zu dem Buch der bekannten englischen Schriftstellerin Doris Lessing *Der Sommer vor der Dunkelheit:*

Kate Brown, Mitte vierzig, verheiratet mit dem Arzt Michael, drei Söhne, eine Tochter, alle vier im Studium, wacht eines Tages auf und fühlt sich seelisch ausgebrannt: *Wenn das Leben an großen Augenblicken, an Höhepunkten gemessen werden musste, dann war, was sie betraf, lange Zeit nichts „geschehen". Sie konnte nicht viel mehr erwarten als den langsamen Abstieg von der aktiven Rolle als Hausfrau zum Altwerden.* Kate ist gelernte Übersetzerin und arbeitet auf Tagungen. Dort lernt sie den jungen unbeschwerten, aber auch etwas simpel strukturierten Jeffrey kennen. Die beiden verbringen einige verliebte Sommermonate miteinander.

Kate denkt an den Verlauf ihrer Ehe mit Michael zurück: *Als das erste Kind ein Jahr alt war, wurde sie wieder schwanger. Sie bildeten sich ein, sie könnten auch mit zwei Kindern so weiterleben wie bisher. Jeder hätte ihnen sagen können, dass das eine Illusion war. Mit einem Kind waren sie ein junges Ehepaar gewesen, das den närrischen*

*Konventionen, den Forderungen der Gesellschaft noch strahlend, ohne Zwang Tribut zollte. Beim zweiten Kind hatten sich die Akzente plötzlich verschoben. Als sie sahen, wie anders ihr Leben geworden war, beschlossen sie, das dritte Kind zu bekommen, „um es hinter sich zu bringen"... Bald hatten sie ein Haus, eine Hypothek, ein kleines Auto, eine Putzfrau, die regelmäßig kam, ein Leben, das regelmäßig ablief, alles wegen der Kinder.* Was war aus dem einst attraktiven jungen Paar und Mittelpunkt der akademischen Gesellschaft geworden?

Mit den inzwischen vier Kindern hatte sich Kate Eigenschaften erwerben müssen, die früher überhaupt nicht zu ihrem Wortschatz gehört hatten, Geduld, Selbstdisziplin, Selbstbeherrschung, Anpassung und Selbstverleugnung: *Wenn sie, die Ehefrau und Mutter, beinahe schon in mittleren Jahren, auf das Mädchen zurückblickte, das mit Michael zusammengelebt hatte, kam es ihr vor, als hätte sie sich keine Tugenden angeeignet, sondern eine bestimmte Form von Schwachsinn ... Von morgens bis abends dachte sie nur noch ans Wirtschaften, ans Organisieren, daran, wie sie es schaffen konnte, dass alles richtig lief, was geschehen würde, wenn sie dies oder jenes nicht tat … Sie und ihre Altersgenossinnen waren Maschinen, die man auf eine Funktion eingestellt hatte, aufs Wirtschaften und Vorbereiten und Schlichten und Voraussehen und Ordnen und Sichaufregen und Ängstigen und Organisieren. Darauf, sich um alles und um jedes zu kümmern … Als Mutter war sie eine unbestimmte Größe, war sie etwas wie ein altes Kindermädchen, das seine Jahre der Familie geopfert hat und mit dem man sich jetzt abfinden muss. Der lange Schleifprozess … hatte aus einem unerschrockenen jungen Geschöpf eine von fixen Ideen besessene Schwachsinnige gemacht. Besessen von absolut belanglosen Dingen.*

Kate begreift ihr Leben, die Beziehungsfallen, aber auch ihren eigenen Selbstboykott. Sie wird zurückkehren zu Michael. Kate und Michael sind beide nicht böse, sondern Marionetten eines Puppenspiels, dessen unsichtbare Fäden irgendwo von oben gezogen wurden. Jetzt werden sie das Szenario ändern. Kate entdeckt die Liebe zu Michael neu: *Sie sehnte sich nach dem Körper ihres Mannes, wie sie sich früher, als sie noch ein Mädchen gewesen war, nach einem Liebhaber gesehnt hatte; doch heute war das Verlangen natürlich tausendmal intensiver, da sie so viele Erinnerungen angehäuft hatte, aus denen es sich speiste. Während sie den ganzen Tag und die halbe Nacht damit zubrachte, ihre Ehe wie ein Diapositiv zwischen Daumen und Zeigefinger ans Licht zu halten, um sie zu analysieren…, hatte der Rhythmus ihres Körpers, hatte ihr Gedächtnis ein Rendezvous mit ihrem Mann vereinbart.*

Kate kündigt innerlich die Verliebtheit zu dem jungen Jeffrey, die ihr wie ein köstlicher Leckerbissen auf der erotischen Speisekarte erschienen war, um mit Michael in einer reiferen Liebe einen neuen Weg zu gehen.

Wenn Ehe, mit Nietzsche zu sprechen, zur *Einsamkeit zu zweit* wird (*zu Zwein ist man wahrlich einsamer als zu Einem, Also sprach Zarathustra*), dann tötet sie die Selbstfindung von Frau und Mann ebenso wie die Emanzipation des Paares. Ein Paar ist umso stärker, als es sich nicht nur aus der eigenen Substanz, sondern aus der Kraft vieler Außenkontakte (nicht Außenbeziehungen) nährt.

Hans Jellouschek plädiert in diesem Zusammenhang (in *Wie Partnerschaft gelingt*) unbefangen für *körperliche Berührung* außerhalb der Beziehung. Er beobachtet: *Die Unersättlichkeit mancher Partner in der Zweierbeziehung hat wohl darin ihre Wurzeln, dass sich wegen der*

*Tabuisierung jeglichen Körperkontakts außerhalb der eigenen Ehe und Familie das gesamte Bedürfnis danach auf den Partner konzentriert … Eine neue körperlich betonte Beziehungskultur könnte Paare von ihrem überzogenen Totalanspruch heilen und ihnen viele Impulse und Anregungen vermitteln, die ihre Beziehung bereichern würde.*

Aber das hat erst einmal nichts mit Sexualität zu tun. Wie viele Paare klagen, dass sie berührungslos nebeneinander liegen. Fast routinemäßig frage ich Paare beim Erstkontakt: *Wann habt ihr euch das letzte Mal geküsst?* Du wirst staunen, liebe Leserin, lieber Leser, viele Paare können sich daran nicht erinnern.

Wie viel Schmerz liegt in dieser Berührungsarmut. Man beobachte einmal ein Kind. Es holt sich ununterbrochen bei Mensch und Haustier körperlichen Kontakt. Es schmust, es sucht Nähe, es *be-greift* und es zeigt sich *berührt.* Wenn es Monate her ist, dass ich den Körper und die Wärme eines anderen Menschen gespürt habe, dann bleibt mir nichts anderes übrig, als meinen Berührungshunger auf die Sexualität und damit ausschließlich im Sinne eines Monopols auf den Partner zu richten.

Sehr oft gehen wir aus diesem existenziellen Berührungshunger heraus in die Süchte, vor allem in das Essen, Trinken, Rauchen, Fernsehen. Ausführlich habe ich diesen Zusammenhang in meinem Buch *Seele – Sucht – Sehnsucht* dargestellt. Als ich Jahre später erstmals zwei Bibeldeutungen des berühmten Seelenarztes Dr. Walther H. Lechler in einem Buch in Worte fasste (*Wie der Himmel sich öffnet*), wurde mir bei der neutestamentarischen Erzählung *Die blutflüssige Frau* deutlich, dass Jesus diese „unreine", von allen gemiedene und vom talmudistischen Gesetzeswerk diskriminierte Frau nicht durch einen Wunderhokuspokus, sondern durch *körperliche Berührung* heilt. Er bringt die Blutflüssige zum Vertrauen zu sich und zum Leben zurück.

Wie lautete die Weisheit der Essener zur Zeit des Jesus von Nazareth: *Ab heute entlasse ich meinen Partner, meine Familie, meine Freunde aus der Tyrannei meiner Sehnsucht nach Liebe. Ab heute liebe ich mich selbst. Geborgen in dieser Liebe bin ich frei, anderen Liebe zu geben.*

Wir sehnen uns so unendlich nach Gehaltenwerden, Streicheln und Umarmung, den Küssen und den vielfältigen anderen Gesten der Zuneigung. Hans Jellouschek meint: *Das ist der Grund, warum ich sage, dass viele Ehekrisen gar nicht erst entstünden, wenn beide Partner heute… eingebettet wären in ein Netz von Freund/innen, mit denen sie auch körperlichen Kontakt pflegen. Dadurch entstünde, was heute in der Lebenswelt der Vorstadt- und Neubausiedlungen so oft vermisst wird: Wärme, Nähe und das Gefühl von Eingebettetsein, und die Hauptbeziehung würde vor Überforderung geschützt.*

Wer von Freunden und Freundinnen, Kollegen und Kolleginnen, Geschwistern, Eltern, aber auch von Katze, Hund oder Pferd sich liebevolle Zuwendung holt, der entlastet die Hauptbeziehung. Er tankt sich energetisch auf. Paare sollten sich diese lebenswichtigen Kontakte nach außen unter gar keinen Umständen verbieten oder sie mit Eifersucht betrachten. Das lateinische Wort *contactus* heißt wörtlich *Berührung*. Jellouschek: *Würden wir uns in dieser Hinsicht mehr erlauben, gäbe es insgesamt weniger Frust und Gier, weniger Ausbüxen in heimliche Nebenbeziehungen und vielleicht sogar weniger Gewalt und Brutalität.*

Anders formuliert könnte man sagen, dass wir unsere Liebesbeziehung nicht auf eine einzige begrenzen, das Beziehungskonto nicht ausschließlich beim Partner anlegen, sondern es *diversifizieren*, also verteilen sollen. Die Hauptbeziehung wird damit auf gesunde Weise ein Stück relativiert und in ein allgemeines Beziehungsnetz aufgenommen. Wer Freunde, Kollegen, Eltern, eigene Kinder oder Haustiere liebt, stillt hier viel von seinen emotionalen Bedürfnissen in diesen *Beziehungsnischen*. Er kann, weil er über einen hohen Sättigungsgrad verfügt, seine maßlosen Ansprüche an den Liebespartner reduzieren.

Natürlich sollen wir um die Belebung unserer Sexualität als Paar kämpfen. Aber, um es noch einmal zu wiederholen, Lebenspartnerschaft und Sexualität sind nicht in jedem Fall identisch. Das ist ein unhaltbarer Mythos. Er schafft nur Frust und unerträgliche Vorwürfe.

Michael Mary konstatiert dies unmissverständlich: *Lebenspartnerschaft muss keinesfalls Sexualität enthalten. Der Rückgang von Leidenschaft bis hin zum Erliegen der Sexualität in einer Langzeitbeziehung sollte als völlig normal angesehen werden, denn Sexualität und Leidenschaft sind keine Kriterien funktionierender*

*Lebenspartnerschaften. Die Lebenspartnerschaft braucht die Sexualität nicht, um ihren Wert zu rechtfertigen. (Fünf Lügen, die Liebe betreffend)*

Der Psychoanalytiker Wolfgang Schmidbauer plädiert für die Neu-gier als einem starken Fixativ in dem Fließgleichgewicht der Ehe. In der Zeitschrift CHRISMON (2/2002) entwickelt er diesen Gedanken: *Der falsche Freund der Treue ist die Trägheit; ihr ehrlicher Feind, aus dem ein starker Verbündeter werden kann, ist die Neu-gier. Mit Bindestrich geschrieben, verliert die Neu-gier etwas von der harmlosen Bedeutung des Hinguckens und Hinhörens auf Unbefugtes. Sie wird als ein mächtiger Trieb spürbar, der den Menschen bewegt „fremdzugehen": Nämlich zu erobern, zu erschließen, das Bekannte zu verlassen, sich zu bewegen. Erfüllte, lebendige Treue hängt davon ab, ob es gelingt, diese Neu-gier soweit anzunehmen und zu lenken, dass sie sich unbeirrt und energisch auf den Partner richtet; seine Entwicklung, sein Wohlergehen, seine Geschichte, seine Gefühle interessant bleiben. Neu-gierige Partner rechnen damit, beim anderen immer wieder neue Seiten zu entdecken.*

Schmidbauer entdeckt dabei das wahre Faszinosum der Liebe, ihren ununterbrochenen Neuigkeitswert: *Der Mensch, dem wir uns mit liebevoller Aufmerksamkeit zuwenden, ist unerschöpflich, wenn wir erst angefangen haben, seine Realität zu akzeptieren, ihm nicht wie ein Fanatiker, sondern wie ein Forscher, ein Ethnograf* (Völkerkundler – M.J.) *zu begegnen. Der Fanatiker sieht immer nur Ansatzpunkte, den anderen so zu machen, wie es ihm seine eigene Überzeugung von Richtig und Falsch gebietet. Der Forscher hingeben akzeptiert seine Unwissenheit und lässt sich überraschen.*

Liebe wird so, auch und gerade über die Krise, nicht zur breihaften Verschmelzung, sondern zur Individuation beider Liebenden und zu *Paarsynthesen* immer höherer Ordnung. Damit wäre Rilkes Erkenntnis erfüllt: *Liebe ist zunächst nicht etwas, das Verschmelzen, Nachgeben und das Vereinigen mit einem anderen bedeutet … Es ist ein hoher Anreiz für den Einzelnen, zu reifen, etwas in sich zu werden, Welt zu werden, Welt zu werden für sich selbst und den anderen.*

Solange wir nach dem Störfall der Nebenbeziehung im Zyklus des Grolls und der Rache verharren, finden wir keinen Ausweg.

Dann sind wir sozusagen mit einer Handschelle an die Leiche in unserem Keller gebunden und kommen nicht an das Tageslicht der Zukunft. „Treue“ und „Untreue“, das spüren wir am Ende unserer Reise durch den Dschungel der Gefühle, sind komplizierte Seelenverfassungen. Weder ist das eine mit dem Guten, noch ist das andere mit dem Bösen zu identifizieren. Beide bedingen sich. Beide haben ihren Platz in unserer Entwicklung.

Die Paartherapeutin Marina Gambaroff hat dieses Oszillieren unserer Seele zwischen Treue zu sich selbst und Untreue zum Partner, zwischen Selbst- und Fremdbestimmung, zwischen Rückbesinnung auf sich selbst und Ichfindung *in* der Beziehung, in zarten Worten voll schwebender Offenheit auf den Begriff gebracht: *Utopie heißt nirgendwo. Die Reise dorthin kann ein Leben lang dauern. Treue ist kein Zustand, sie ist zu gewinnen. Darin besteht ihr Scheitern. Darin besteht ihre Utopie.*

So hart es für manches Ohr klingen mag, wir reifen als Individuen nicht nur in der Beziehung, sondern auch in der Außenbeziehung. Sie kann, aber sie muss nicht das Ende der alten Liebe einläuten. Sie kann auch der Anfang des Neuen sein. Die Liebe ist Geschenk und Aufgabe zugleich. Die Liebe fordert uns prometheische Kräfte für unsere Veränderung ab. Wo ich mich entwickle, entwickelt sich meine Liebe. Die Liebe gibt mir die Kraft, mich zu entwickeln. Das ist die Polarität von Beziehung und Eigenentwiklung, von Du und Ich.

In diesem Sinne, liebe Leserin, lieber Leser, überlasse ich dich am Ende unserer, manchmal vielleicht provokanten, Beziehungsexpedition deinen mutigen Gedanken. Die Liebe ist die schwerste und schönste Passion unseres Lebens. Der Lyriker Heinz Kahlau beschreibt ihre atemberaubende Dialektik mit folgenden Worten:

*Die Liebe*

*Manchmal kommt es,*
*dass die Liebe uns einreden will,*
*wir könnten andere sein,*
*als wir sind.*
*Wir glauben es auch,*
*solange die Liebe*

*noch lauter ist*
*als wir selber.*

*Wehe aber,*
*die Liebe muss Atem holen.*
*Dann hören wir wieder*
*auf uns,*
*dann können wir*
*nicht mehr sein, wie wir wollen,*
*dann müssen wir sein,*
*wie wir sind.*

*Nicht die Liebe ist es,*
*die uns verändert.*
*Andere werden wir nur,*
*wenn wir uns nicht mehr*
*ertragen können, so*
*wie wir sind.*

*Freilich – uns selber zu verändern,*
*sind Kräfte vonnöten,*
*mit denen*
*man Welten erschafft.*
*Einzig aber die Liebe*
*gibt uns dazu*
*die Kraft.*

# Ein Verlag, ein Haus, eine Philosophie.

Millionen Bundesbürger kennen den kämpferischen Ganzheitsarzt Dr. Max Otto Bruker (1909–2001) aus dem Fernsehen, aus Vorträgen, durch den „Mundfunk" überzeugter Patienten. Vor allem lesen sie aber die rund 30 Bücher des schwäbischen Humanisten und Seelenarztes. Mit einer Gesamtauflage von über drei Millionen Exemplaren ist Max Otto Bruker der wohl bedeutendste medizinische Erfolgsautor im deutschsprachigen Raum. Der – in der Nachfolge des Schweizer Reformarztes Bircher-Benner scherzhaft „Deutschlands Vollwertpapst" genannte – Massenaufklärer, langjährige Klinikchef und Ernährungsspezialist lehrt zwei fundamentale Erkenntnisse Patienten wie Gesunden: Der Mensch wird krank, weil er sich falsch ernährt. Der Mensch wird krank, weil er falsch lebt.

Hinter den Erfolgstiteln des emu-Verlages steht ein bedeutender Forscher und Arzt, eine Bewegung, ein Haus und tausende Schülerinnen und Schüler. 1994 wurde das „Dr.-Max-Otto-Bruker Haus", das Zentrum für Gesundheit und ganzheitliche Lebensweise, auf der Lahnhöhe in Lahnstein bei Koblenz bezogen. Es stellt die äußere Krönung des Brukerschen Lebenswerkes dar: Der lichte Bau mit seinem Grasdach, den Sonnenkollektoren und den Wasserrecyclinganlagen, seinen Seminarräumen, dem Foyer mit der Glaskuppel und dem liebevollen Biogarten ist als Treffpunkt für all jene konzipiert, denen körperliche und seelische Gesundheit, ökologische und spirituelle Harmonie Herzensbedürfnis und Sehnsucht sind.

Hinter dem eleganten Halbmondkorpus mit dem markanten Grasdach verbirgt sich eine Begegnungsstätte für Gesundheitsbewusste, Seminarteilnehmer, Trost-, Ruhe- und Anregungsbedürftige.

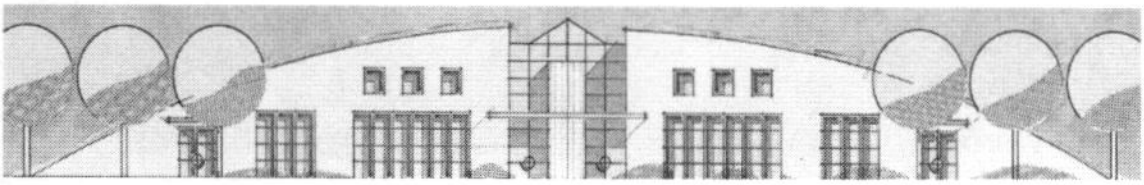

Das Dr.-Max-Otto-Bruker-Haus

**Feste Termine:**

Jeden Dienstag, 18.30 Uhr: Vortrag Dr. phil. Mathias Jung (Lebenshilfe und Philosophie)
Jeden Mittwoch, 10.30 Uhr: Fragestunde mit Dr. Birmanns (Ärztlicher Rat aus ganzheitlicher Sicht)

**Ausbildung Gesundheitsberater/in GGB**
**Lebensberatung/Frauen-, Männer- und Paargruppen**

Die vitalstoffreiche Vollwertkost hat ihre Verbreitung, auch im klinischen Bereich, durch die unermüdliche Information und praktische Durchführung von Dr. M. O. Bruker gefunden. Um die Erkenntnisse gesunder Lebensführung und die durch falsche Ernährung provozierte Krankheitslawine ins öffentliche Bewusstsein zu rücken, bildet die von ihm 1978 gegründete „Gesellschaft für Gesundheitsberatung GGB e.V." Gesundheitsberaterinnen und Gesundheitsberater GGB aus. Über 4000 Frauen und Männer haben bislang die berufsbegleitende Ausbildung bestanden und wirken in Volkshochschulen, Bioläden, Lehrküchen, Krankenhäusern, ärztlichen Praxen, Krankenversicherungen und ähnlichen Bereichen.

Auf der Lahnhöhe erhalten sie durch das GGB-Expertenteam nicht nur eine sorgfältige Grundlagenausbildung über die vitalstoffreiche Vollwerternährung und den Krankmacher der „entnatürlichten" (denaturierten) Zivilisationsernährung (raffinierter Fabrikzucker, Auszugsmehle, fabrikatorische Öle und Fette, tierisches Eiweiß usw.), sondern gewinnen auch Einblick in die leibseelischen Zusammenhänge der Krankheiten.

Anfragen zur Gesundheitsberater-Ausbildung wie zu den Selbsterfahrungsgruppen, Lebensberatung, Paartherapie und Psychotherapie bei Dr. Mathias Jung und weiteren Tages- und Wochenendseminaren sowie Einzelberatung sind zu richten an die Gesellschaft für Gesundheitsberatung GGB e.V., Dr.-Max-Otto-Bruker-Str. 3, 56112 Lahnstein (Tel.: 02621/ 917010, 917017, 917018, Fax: 02621/917033).

Fordern Sie ebenfalls ein kostenloses Probe-Exemplar der Zeitschrift „Der Gesundheitsberater" an!

## Von Dr. Jung sind im emu-Verlag bisher erschienen:

die rote reihe,
band 1

die rote reihe,
band 2

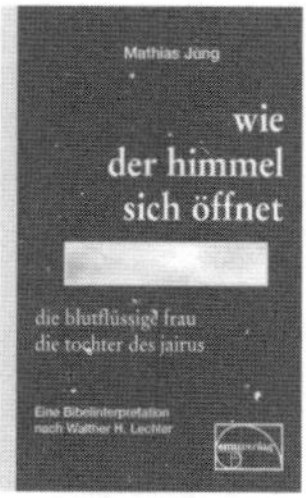

Eine Bibelinterpretation nach Walther H. Lechler

die gelbe reihe,
band 1

die blaue reihe,
band 1

die blaue reihe,
band 2

Von Dr. Jung sind in der Sprechstunden-Reihe aus dem emu-Verlag bisher erschienen:

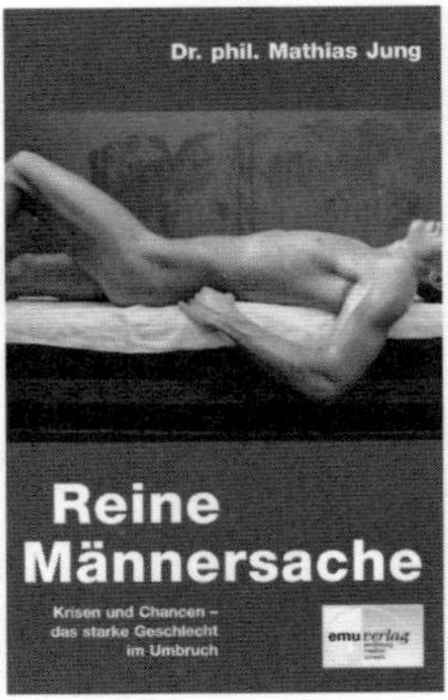

Dr. phil. Mathias Jung
Trennung
als
Aufbruch
Bleiben oder gehen?
Ein Ratgeber aus der Praxis.
emu verlag

Dr. phil. Mathias Jung
Mut zum
Ich
Auf der Suche nach dem EigenSinn
emu verlag

Dr. phil. Mathias Jung
das
sprachlose
Paar
Wege aus der Krise
emu verlag

Dr. phil. Mathias Jung
Seele
Sucht
Sehnsucht
Wege zur Klarheit
emu verlag

# Vom gleichen Autor erschienen folgende Vorträge als Audiokassetten im emu-Verlag

**Lebensberatung**

- Mein Charakter – mein Schicksal?
- Depression als Chance
- Das Verdrängte in unserer Seele
- Die Wunde der Ungeliebten
- Das Nein in der Liebe
- Was ist der Sinn des Lebens?
- Meine Sprache – meine Seele
- Söhne brauchen Väter
- Krankheit als Kränkung und Anpassung
- Eifersucht – ein Schicksalsschlag?
- Der Mann – ein emotionales Sparschwein
- Der kleine Prinz – mein verschüttetes Ich
- Geschwisterliebe – Geschwisterrivalität
- Verlassen und verlassen werden
- Neurodermitis – Fehlernährter Körper – Aufgekratzte Seele
- Froschkönig – Glück und Zähneklappern der Liebe
- Das verletzte Kind in mir oder Hans mein Igel
- Sein und Schein oder Des Kaisers neue Kleider
- Schneewittchen oder das Drama des Neides
- Das sprachlose Paar
- Zweite Lebenshälfte – Endlichkeit und Aufbruch
- Siddharta: das Rätsel des Lebens
- Das Drama der Trennung
- Ein Zimmer für mich
- Eisenhans oder Wie ein Mann ein Mann wird
- Mut zur Angst
- Das tapfere Schneiderlein oder Mut zum Leben
- Sexualität – Lust und Last
- Eigensinn oder Die Möwe Jonathan
- Außenbeziehung – Krise oder Chance
- Elternablösung – Hänsel und Gretel
- Liebesverträge in der Beziehung
- Lob der Einsamkeit
- Aggressionen unter Liebenden
- Mehr Zeit für mich
- Alkoholkrank: Der Betroffene und seine Familie
- Lebensbedingte Krankheiten nach Dr. M. O. Bruker
- Außenseiter – Das hässliche Entlein
- Befreiung der Weiblichkeit – Das Märchen Blaubart
- Tödliches Schweigen – Der Fischer und seine Frau
- Meditation: Freude – Angst – Hoffnung
- Alter und Tod. Rätsel der Natur
- Verzeihen und Versöhnen
- Frieden mit den Eltern
- Das Paar im Wandel: Jugend, Mitte, Alter
- Sexueller Missbrauch
- Seele – Sucht – Sehnsucht
- Organtransplantation – Sterben auf Bestellung?

**Philosophie**

- Sokrates oder Die Norm meines Gewissens
- Seneca oder Die Freude des Augenblicks
- Augustinus oder Der Zwiespalt
- Giordano Bruno oder Die neue Welt
- Descartes oder Der Januskopf der Wissenschaft
- Spinoza oder Das Abenteuer der Diesseitigkeit
- Hobbes oder Die Zähmung der Bestie Mensch
- Leibniz oder Die Beste aller Welten
- Voltaire oder Die Waffe des Geistes
- Kant oder Die Mündigkeit
- Hegel oder Der Fortschritt
- Feuerbach oder Die Sache mit Gott
- Marx oder Die Entfremdung des Menschen
- Schopenhauer oder Die Qual des Seins
- Nietzsche oder Die Hymne auf das Leben
- Heidegger oder Die Angst
- Jaspers oder Die Weltphilosophie
- Hannah Arendt oder Vom tätigen Leben
- Bloch oder Das Prinzip Hoffnung
- Popper oder Die offene Gesellschaft